W0248348

L'Entreprise à l'écoute

Ouvrages du même auteur

Mouvements ouvriers et socialistes
chronologie et biographie (1750-1918)
en collaboration avec E. Dolléans
Éditions ouvrières, 1949

Usine et Syndicats d'Amérique
Éditions ouvrières, 1951

Petits Fonctionnaires au travail
Éditions du CNRS, 1956

Le Phénomène bureaucratique
Seuil, 1965
coll. « Points » n° 028, 1971

Le Monde des employés de bureau
Seuil, 1965

La Société bloquée
Seuil, 1970
coll. « Points Politique » n° 047, 1971

Où va l'administration française
en collaboration avec E. Friedberg,
P. et C. Grémion, J.-C. Thoening, J.-P. Worms
Éditions d'Organisation, 1974

The Crisis of democracies
Report on the governability of democracies
en collaboration avec S. Huntington et J. Watanuki
New York, 1975

L'Acteur et le Système
en collaboration avec E. Friedberg
Seuil, 1977
coll. « Points Politique » n° 111, 1981

On ne change pas la société par décret
Grasset, 1979
Hachette-Pluriel, 1984

Le Mal américain
Fayard, 1980
Hachette-Pluriel, 1984

État modeste, État moderne
Fayard, 1987
coll. « Points Essais » n° 223, 1991

Comment réformer l'État ?
Trois pays, trois stratégies : Suède, Japon, États-Unis
avec P. Crozier et B. Chavanat
La Documentation Française, 1988

Michel Crozier

L'Entreprise à l'écoute

Apprendre le management post-industriel

InterEditions

EN COUVERTURE :
Piero Dorazio, Time Piece 1990
© ADAGP 1994

ISBN 2-02-020442-8
(ISBN 2-7296-0304-2, 1re publication)

SOMMAIRE

REMERCIEMENTS

Un ouvrage s'appuyant sur des résultats d'enquêtes sociologiques, particulièrement quand il s'agit d'enquêtes qualitatives, constitue l'aboutissement d'un large effort collectif. De très nombreuses personnes m'ont aidé directement et indirectement. Je ne peux en citer que quelques-unes.

Je remercie tout d'abord Françoise Chevalier qui a effectué la grande majorité des entretiens de l'enquête de 1984 — auprès des patrons choisis par l'Institut de l'Entreprise — dont je me suis servi dans le chapitre 3. Les enquêtes de 1986 et de 1987, utilisées dans le chapitre 4, ont été réalisées par les étudiants des deux promotions successives du Cycle Supérieur de Sociologie de l'Institut d'Études Politiques de Paris. Qu'ils soient ici collectivement remerciés ainsi que les responsables opérationnels des enquêtes, Pierre Crozier et Philippe Urfalino, qui les ont guidés dans leurs entretiens, les ont aidés à en faire l'interprétation et ont rédigé les rapports d'enquêtes.

Corinne Gingembre a préparé, en liaison avec un groupe de travail de l'Institut de l'Entreprise, les études de cas qui ont servi au chapitre 5. Elle a d'autre part réalisé tous les entretiens nécessaires à l'élaboration des trois cas plus approfondis traités dans les chapitres 6, 7 et 8, et en a tenté une première analyse qui m'a été particulièrement précieuse. Je lui dois une grande reconnaissance.

Cette entreprise n'aurait pas été possible, enfin, sans le soutien des responsables de l'Institut de l'Entreprise, François Guiraud, son président, Michel Drancourt, son délégué général et Christian Allais, son responsable financier. Qu'ils soient, eux aussi, chaleureusement remerciés.

Ma gratitude va, bien sûr et peut-être surtout, aux cadres et contremaîtres des entreprises qui furent l'objet de nos enquêtes. Ils ont bien voulu nous accorder beaucoup de leur temps pour répondre à toutes nos questions et ont accepté avec beaucoup de franchise et de courage de jouer le jeu de l'écoute, c'est-à-dire celui de la vérité. Je ne peux naturellement donner leurs noms, mais que soient au moins remerciés ici les responsables de leurs entreprises qui nous ont ouvert leurs portes :

Pour les enquêtes de 1986 et 1987

- Le groupe Carnaud : Jean-Marie Descarpentries et Jean Oyarsabal
- Péchiney Cégédur : Jean-Marie Ergas
- Automobiles Peugeot : Roland Vardanega
- Crédit du Nord : David Dautresme et Renaud de Maulde
- Cimsa-Sintra du Groupe Thomson : Jean-Pierre Martin

Pour les études de cas de 1988 et 1989

- La CIAPEM : Jean-François Gautier

- Les dirigeants de la Générale des Produits et de Mulfor
- GSI : Jacques Raiman, Jacques Bentz et Jean-François Cottin.

Un grand merci enfin à Joëlle Moras qui a assuré avec autant de patience que de compétence la mise au point des versions successives de ce texte.

En dernière analyse, c'est moi qui ai tranché. Toutes les interprétations que j'ai tirées de ces enquêtes, toutes les analyses auxquelles je me suis livré sont personnelles et n'engagent bien sûr que moi.

PRÉFACE

Quand *L'Entreprise à l'écoute* parut pour la première fois fin 1989, nous vivions encore dans une sorte d'illusion : l'effervescence des retrouvailles entre les Français et l'entreprise n'était pas terminée ; elle nourrissait l'espoir d'une renaissance économique proche venant récompenser les efforts considérables déjà accomplis.

Trois ou quatre années à peine passées, en un très court espace de temps donc, il semble que notre univers mental ait à nouveau basculé. Les « fondamentaux » classiques de l'économie française, pourtant, n'ont pas beaucoup changé. Nous sommes devenus compétitifs, nous n'avons plus d'inflation, nous exportons plus que nous n'importons. Mais ce qui est perdu, c'est l'espoir de succès. Malgré tous nos efforts de bons élèves, nous découvrons que nous n'avons pas vraiment réussi. Tout paraît désormais inaccessible. Comme si l'échec sur le quatrième fondamental — le chômage — annihilait tous les autres progrès et que tous les éléments de notre situation, encore favorables, changeaient de signe.

Nous sommes à nouveau victimes de notre trop grand volontarisme collectif. L'universel *y a qu'à* nous fait passer de la confiance naïve dans la vertu des projets d'entreprise et des discours sur les valeurs à une nouvelle passion d'activisme pour la défense de la forteresse nationale, d'une psychologie de confiance et d'ouverture à une humeur de défiance et de recherche de culpabilité. L'écart se creuse à nouveau entre les technocrates des grandes entreprises qui continuent à pousser la rationalisation jusqu'aux extrêmes de la *lean organization* et ceux de la politique qui se remettent à fabuler sur les mesures globales de contrainte et d'incitation qui sauveraient l'emploi.

★

Dans cette nouvelle donne si différente, le message de *L'Entreprise à l'écoute* peut-il être encore valable? Je crois profondément qu'il le demeure. Je crois même qu'il le devient bien davantage, même si au premier abord l'esprit public du moment ne facilite pas sa réception. La crise, en fait, a d'une certaine façon contribué à clarifier le débat; le message que je voulais en effet faire passer n'était absolument pas celui de l'hymne à l'entreprise salvatrice dans le sens de la confiance en l'entrepreneur miracle façon Bernard Tapie mais, tout au contraire, celui du travail en profondeur et de la modestie indispensable des responsables.

Apprendre le management post-industriel, tel était le défi essentiel de l'entreprise française auquel j'exhortais ses dirigeants et ses cadres à se mesurer. Tâche exaltante mais douloureuse comme tout progrès de soi sur soi. L'enthousiasme et la bonne volonté ne suffisent pas quand il s'agit de repenser les modes de raisonnement et de dominer les réflexes comportementaux qui ont fondé jusqu'à présent le gouvernement des organisations.

A partir des résultats étonnamment clairs de nos enquêtes auprès des cadres et des patrons, je voulais avertir du danger du discours humaniste sur les valeurs et des projets d'entreprise imposés du sommet. Je tenais à mettre en garde contre les catastrophes psychologiques qui peuvent être provoquées par des effets d'annonce inconsidérés ne pouvant être suivis d'effets, même s'ils sont de bonne foi. J'en appelais au travail en profondeur à partir d'une écoute véritable de la réalité des rapports humains dans l'entreprise.

La pertinence de mes avertissements a malheureusement été confirmée par les faits bien au-delà de ce que je craignais. L'abus de la rhétorique, la croyance naïve que le discours de bonne foi est suffisant pour résoudre les contradictions du changement ont entraîné une déception dramatique qui n'a pas peu contribué à aggraver le climat moral dû à la soudaine aggravation de la récession. Mais si la valeur de ces avertissements et de ces observations me paraît avoir été démontrée pour cette immédiate histoire passée, c'est une bien amère satisfaction de se relire en se félicitant d'avoir eu raison. Le problème, maintenant, c'est de savoir si le raisonnement est encore valable pour l'avenir. Si l'on veut bien admettre que la ressource humaine reste la ressource rare et que sa mobilisation est essentielle pour répondre à la crise, il est encore plus indispensable de la comprendre et, pour la comprendre, de l'écouter. Et ne pas l'écouter à travers des sondages nécessairement trompeurs parce qu'ils portent sur les aspirations superficielles et individuelles, alors que le problème est celui du comportement et surtout du contexte relationnel qui le commande. C'est seulement à partir d'une bonne écoute et d'une bonne analyse du jeu des relations entre les différents partenaires qu'on pourra le découvrir. Les résultats des travaux dont je faisais état démontrent non seulement que c'est possible, mais encore que c'est immédiatement utile aussi bien pour les hommes et les femmes de la base que pour un management qui veut sincèrement changer et qui est capable de faire effort pour y parvenir.

Ce qui était valable en 1989 l'est beaucoup plus encore aujourd'hui dans la mesure où l'on veut bien réfléchir et prendre un peu de distance : toute régression vers des comportements de centralisation hiérarchique et de raidissement technocratique risque d'accentuer la démobilisation, non seulement des exécutants mais aussi cette fois de tout leur encadrement au moment même où l'on a le plus besoin de leur engagement.

*

On m'objectera que même si j'ai raison pour le long terme, la survie se joue sur le court terme. Donc seul le court terme compte. Quand il y a le feu à la maison, ce n'est pas plus le temps de faire du social que d'aménager le salon et la chambre à coucher.

La vue courte pourtant n'est pas nécessairement la meilleure, même pour le court terme. Il faut regarder la réalité en face. Il y a bien crise conjoncturelle. Nous n'en sommes que partiellement responsables car c'est une crise mondiale au moins de tous les pays occidentaux et du Japon. Cette crise, nous savons que nous finirons bien par la surmonter, mais ce qui fait perdre l'espoir, c'est que tout le monde sent bien que la reprise, si bénéfique qu'elle soit, ne résoudra ni les problèmes du chômage ni ceux de notre équilibre économique et social. Le problème est beaucoup plus profond, c'est celui d'une mutation radicale de notre société.

Les activités industrielles sont et resteront certes décisives pour notre balance commerciale et pour la compétitivité d'une économie comme la nôtre. Mais elles emploient déjà et emploieront par la suite de moins en moins de monde directement. C'est dans toutes les activités induites — para-industrielles et de services — que l'on trouvera de l'emploi. Ces emplois se développent déjà naturellement, mais pas au rythme nécessaire. On ne peut pas les créer par décret bureaucratique ou par des mesures législatives d'application universelle. C'est grâce à des innovations constantes que nous allons pouvoir les faire naître et les maintenir. Et il faut bien le comprendre, ces innovations ne sont pas seulement, ou même principalement, des innovations techniques, ce sont des innovations sociales, des innovations de management, d'éducation, de développement de marchés.

Or la réaction immédiate à la crise considérée comme l'urgence du feu à la maison, c'est justement la recentralisation, l'alourdissement du contrôle budgétaire, le suractivisme des gens du sommet. Pour prendre les mesures globales et rigoureuses qui s'imposent, il faut, croit-on, nommer un dictateur qui va pouvoir imposer les sacrifices nécessaires et mobiliser les troupes. Certes, on est très loin d'y parvenir parce que les gens ne supportent plus les dictatures même dans l'entreprise, même s'ils sont capables d'accepter des sacrifices. Mais parallèlement temps ce genre de raisonnement sous-jacent à beaucoup de comportements managériaux actuels est le plus propre justement à décourager les troupes et à paralyser la capacité d'innovation plus importante encore pour la survie.

Ce n'est pas en alourdissant un contrôle de gestion impersonnel qu'on va motiver les cadres. Ce n'est pas en contrôlant bureaucratiquement la qualité totale qu'on obtiendra l'engagement du personnel dans le service du client.

L'État nous offre l'exemple de véritables caricatures. Pour répondre à la crise des banlieues, on nommera un ministre de la Ville dont le charisme dictatorial va permettre, croit-on, de résoudre les problèmes. Pour faire face au scandale du sang contaminé, on nommera un Monsieur Sang, seul capable, croit-on, de remettre en ordre un système vermoulu en le recentralisant. Or, l'examen attentif de l'expérience des pays voisins qui ont évité le désastre est particulièrement clair et accablant.

C'est grâce à la décentralisation qui permettait aux médecins et aux autorités locales de résoudre les problèmes concrets qui se posaient à eux que ces pays ont pu expérimenter, avant toute décision ministérielle, les précautions informelles en matière de sélection des donneurs qui leur ont épargné les deux milliers de morts que nous avons déjà connus.

Ce qui vaut pour l'État de façon parfois caricaturale vaut tout autant pour l'entreprise. La rationalisation qui n'est pas fondée sur une connaissance des réalités du système humain interne de l'entreprise, sur celle du système humain externe du marché et des fournisseurs et sur leurs relations détruit les forces vives de l'entreprise sans lesquelles elle ne pourra innover et mourra.

Bien sûr, des choix douloureux sont souvent nécessaires mais ils ne peuvent réussir à terme que si les hommes de terrain y sont pleinement associés, ce qui veut dire que l'on s'efforce de comprendre d'abord les raisons de leur comportement.

D'immenses réserves de compétence et de bonne volonté demeurent inexploitées. On ne les mobilisera pas par décret et pas davantage par des harangues. Les Français ne peuvent plus supporter le militarisme ni encore moins le prêche. Ils ont parfaitement raison. La nouvelle donne de l'économie en gestation doit tous nous forcer à changer de raisonnement et de modèle de rapports humains. Je persiste et signe : la ressource humaine est bien la ressource fondamentale, celle autour de laquelle s'ordonnent toutes les autres. *L'entreprise doit être à son écoute* si elle veut commencer le *dur apprentissage d'un management adapté au monde post-industriel.*

AVANT-PROPOS

J'ai longtemps cru et je crois encore que l'État est, en France, le système bloquant. Je me suis laissé aller par contraste à penser que les entreprises engagées dans le management moderne non seulement préfiguraient l'avenir, mais étaient déjà en train de le construire.

Je continue à croire que c'est dans les entreprises que se joue le sort de l'innovation sociale, mais plusieurs études successives menées sur des entreprises performantes m'ont obligé à repenser, à une lumière plus réaliste, l'état des pratiques managériales actuelles. Oui, il y a des entreprises qui ont effectué des progrès très considérables. Mais elles sont une petite minorité, elle-même encore fragile. Oui, les idées nouvelles se répandent, mais elles créent un mirage intellectuel dangereux. Patrons et dirigeants parlent, s'enchantent de leur agilité intellectuelle, de leur bonne volonté progressiste, leur ardeur pour la bonne cause, et perdent souvent d'autant plus le contact avec la réalité que leur discours semble en apparence cohérent et convaincant.

Bien sûr, à travers ce « remue-méninge » intellectuel, quelque chose de réel passe, un rééquilibrage s'accomplit. Mais on risque souvent, par simple légèreté, d'hypothéquer l'avenir.

La première et très grande urgence pour les responsables, c'est le réalisme, et pas le réalisme étroit du contrôle de gestion, mais un réalisme qui prend les rapports humains, les capacités de coopération comme des faits aussi importants et parfois plus importants que les montages financiers.

C'est à cette condition seulement que pourra se réaliser la révolution managériale indispensable pour survivre dans le monde radicalement différent qui est en train de se constituer.

Ce livre est une contribution modeste mais concrète à la connaissance de la réalité humaine, sans laquelle rien de valable à terme ne sera accompli. Il est le fruit d'enquêtes, de réflexions sur les résultats d'enquêtes, de dialogues avec les responsables, et de quelques interventions.

C'est aussi, bien sûr, on n'aura pas de peine à le découvrir, un plaidoyer pour un autre changement. Ce qui est en jeu, ce n'est pas seulement un changement de méthodes d'organisation et de commandement appuyé sur des avancées techniques. Encore moins, si possible, un changement de discours et de mode de communication, c'est-à-dire un changement de rhétorique. C'est un changement profond de logique qui constitue une véritable *révolution conceptuelle*.

La ressource humaine est en train de devenir la ressource fondamentale ou plutôt celle autour de laquelle s'ordonnent toutes les autres. L'entreprise doit être *à son écoute* si elle veut commencer *le dur apprentissage d'un management adapté au monde post-industriel.*

1

L'ÉMERGENCE D'UNE NOUVELLE LOGIQUE

LA VRAIE RÉVOLUTION DE NOTRE TEMPS

On ne peut rien comprendre au renversement des attitudes face à l'entreprise, au changement des modes en matière de management et à la recomposition du tissu économique français, si on ne replace pas toute cette effervescence dans le contexte social et économique qui est le nôtre.

Nous vivons en fait une nouvelle révolution industrielle, peut-être plus profonde encore que celle des XVIIIe et XIXe siècles. La vraie révolution de notre temps n'est pas politique, mais économique et sociale. C'est celle qui est en train de transformer radicalement les activités des hommes et des femmes de nos sociétés et, en même temps que leurs activités, leurs modes d'organisation, leurs styles de relations, leurs raisonnements, et bien sûr, très indirectement et avec retard, l'image qu'ils ont de la société et de la politique.

Les historiens du XIXe siècle ont mis longtemps à s'apercevoir que la grande affaire des temps nouveaux n'était pas la révolution politique mais la révolution industrielle qui, en vagues successives, avait chassé les paysans de la terre pour en faire des ouvriers d'usine, et en même temps avait détruit les fondements de la société agraire et artisanale des XVIIe et XVIIIe siècles.

Le rythme des transferts d'activités est encore plus rapide actuellement. Cette société industrielle que nous avions tant critiquée est en train de s'effacer graduellement. Et nous découvrons que nous lui étions profondément attachés à mesure même de notre incapacité à imaginer une autre façon de nous comporter.

Il y avait en France six millions et demi de personnes employées dans l'industrie au début des années 70. Il n'y en a plus que cinq millions actuellement. Depuis quinze ans, l'industrie perd près de 100 000 emplois par an, soit 1,5 % de son effectif. S'il s'agit uniquement des ouvriers, la perte est beaucoup plus forte puisqu'elle peut être estimée à 2,5 % par an[1]. Une telle hémorragie est comparable à celle, si longtemps retardée, qui a affecté en France notre agriculture et qui a conduit à parler de la « fin des paysans ». Les projections que l'on peut faire, si on extrapole cette tendance, nous donneraient à prévoir un chiffre de trois millions d'ouvriers vers l'an 2003, c'est-à-dire moins de la moitié du chiffre de 1973. Certes une reprise très forte de la croissance et une politique très active destinée à résister à la désindustrialisation — deux objectifs d'ailleurs probablement contradictoires — pourraient infléchir cette tendance. Mais si, en revanche, on tirait parti au maximum de toutes les possibilités qu'offrent les développements techniques et scientifiques nouveaux, ce sont des chiffres de deux millions, deux millions et demi qu'on atteindrait.

1. Voir Christian Stoffaës, *Fins de Mondes: déclin et renouveau de l'économie*, pp. 169-196 et spécialement p. 184, Éditions Odile Jacob, Paris, 1987.

On réagit trop facilement à ce problème en l'analysant uniquement dans la perspective de la crise économique qui se traduit concrètement par l'accroissement du chômage. La désindustrialisation n'est pas un mal mais un fait. Elle n'est pas la conséquence de la crise et d'une mauvaise gestion de la crise. Elle est le résultat d'un mouvement profond, irrésistible, de notre société.

La meilleure preuve, c'est que ce phénomène n'est pas uniquement français. Tous les pays occidentaux le subissent à peu près au même degré. L'Allemagne, champion de l'industrie, et l'Angleterre, lanterne rouge de l'Europe industrielle, ont également perdu un quart de leurs effectifs ouvriers dans le même temps. Le déclin, commencé beaucoup plus tôt aux États-Unis, s'y est un peu ralenti, mais les experts pensent que ce ralentissement ne sera que temporaire.

La comparaison avec le mouvement de la révolution industrielle doit être poussée plus loin toutefois, car elle est très éclairante pour l'avenir. Ce ne sont pas seulement, en effet, les activités de la population paysanne et artisanale qui ont changé, c'est aussi le mode d'action des responsables, la logique des entreprises, le jeu économique et, derrière tout cela, la façon même de raisonner.

Il va de soi que l'industrie n'est pas près de mourir. Après tout, l'agriculture n'a pas disparu après le développement de la révolution industrielle qui a progressivement vidé les campagnes. Mais l'industrie postmoderne sera d'autant plus efficace et importante pour l'économie que l'emploi industriel sera réduit. L'industrie actuelle, nous commençons à le voir, se décompose et se recompose sans cesse. Les vieilles industries se contractent, c'est ce que nous appelons la « désindustrialisation ». Mais si on ne les soutient pas artificiellement trop longtemps ou trop mal, elles se reconstituent sur des bases différentes, tandis que montent de nouvelles activités. En revanche, et c'est là l'aspect profond d'un mouvement que sa poursuite rend révolutionnaire, d'une part le poids comparatif du système industriel classique baisse régulièrement, et d'autre part les industries nouvelles d'abord, les vieilles industries elles-mêmes ensuite sont envahies par une logique étrangère à la logique managériale reconnue.

Si l'industrie continue à dominer dans les échanges, la logique de la société industrielle devient rapidement de plus en plus minoritaire. Ce n'est pas seulement le symbole affectif si lourd du Charlie Chaplin des *Temps Modernes*, vissant désespérément des écrous sur sa machine infernale, qui est désormais au moins aussi démodé que *L'Angélus* de Millet : le modèle de gestion et de planification de General Motors, qui nous apparaissait encore récemment comme un chef-d'œuvre de rationalité, est tout aussi dépassé.

Il est bien sûr impossible de détailler de façon précise toutes les données essentielles de l'évolution que l'on peut attendre dans les années qui viennent ; mais quelques grandes tendances se dessinent déjà nettement, qui permettent de mieux comprendre le contexte à partir duquel nous devons raisonner.

- La qualité des emplois change : l'industrie cesse d'être une activité fondée sur la main-d'œuvre de masse indifférenciée. Elle emploie de moins en moins de personnes, et les emplois qu'elle offre changent. Les emplois de conduite et de surveillance des machines qui avaient remplacé le travail direct de la matière se voient à leur tour dépassés par les emplois de services directs et indirects à la production, celle-ci demandant de moins en moins de main-d'œuvre ; ce qui était autrefois l'auxiliaire devient finalement de plus en plus le principal. Non pas parce que c'est dans ces fonctions qu'on peut caser des gens, mais parce que ces fonctions deviennent le point le plus sensible du développement.
- Le rôle décisif dans la croissance économique est joué de plus en plus par la haute technologie et les services.

La haute technologie ne crée pas elle-même beaucoup d'emplois, mais elle constitue la source d'innovation principale dans l'économie et dans la société. Les services, eux, créent l'essentiel des emplois, mais ils ne peuvent y parvenir que s'ils s'appuient sur les possibilités de la haute technologie et s'ils deviennent eux aussi innovateurs. La capacité d'innovation dans la technique et dans le rapport au client remplace désormais la rationalisation et les économies d'échelle comme force d'entraînement de l'économie.

- L'externalisation d'un nombre toujours plus grand de fonctions auxiliaires change la nature même de l'entreprise. La véritable valeur ajoutée qu'apporte celle-ci n'est plus dans la mise en œuvre des moyens matériels, mais dans la conception du service et la conception d'intégration, la mise en œuvre pouvant être sous-traitée, particulièrement dans des pays ou des régions moins avancés. La part dans la valeur ajoutée de ce qu'on pourrait appeler le « soft » augmente constamment par rapport au coût matériel.
- La mondialisation de l'économie, qui élargit et accélère la concurrence, entraîne de plus en plus des possibilités de délocalisation des activités humaines. Les ressources en matières premières, la proximité des marchés, toutes les rentes de situation correspondant aux innombrables contraintes qui structuraient l'économie perdent de leur importance par rapport aux capacités d'initiative des hommes : compétence, savoir-faire, esprit d'entreprise, capacité d'innovation, capacité de coopération. La théorie des avantages comparatifs change tout à fait de sens dans un environnement ainsi beaucoup plus ouvert.
- La notion de besoins perd sa signification. Planifier l'avenir ou même simplement élaborer une stratégie à partir d'une évaluation *a priori* des besoins à satisfaire n'apparaît plus ni possible ni utile. Le rêve des grandes

entreprises américaines de conditionner la demande pour mieux planifier leur production a pu effrayer J.K. Galbraith et les progressistes américains, il était impossible à réaliser. Au contraire même, on a commencé à découvrir qu'il était dangereux de s'enferrer dans des marchés captifs.

- L'accélération du changement dans un tel monde de concurrence met en péril la stabilité des grandes entreprises et la permanence des grands intérêts traditionnels. La lutte n'a plus pour objet d'acquérir des rentes de situation durables, mais de s'assurer une capacité d'innovation et de renouvellement suffisante. Dans cette lutte, l'avantage du nombre et de la masse perd de son importance. La capacité à innover et à se transformer devient éventuellement plus décisive que la capacité à rationaliser. D'où le renouveau des petites entreprises et la fréquente impuissance des quasi-monopoles, prisonniers de leurs marchés captifs. En ce qui concerne les nations elles-mêmes, nous assistons à la revanche des petits contre les masses continentales. Taiwan, colonie pauvre et oubliée, effectue le plus spectaculaire développement parce qu'elle est petite et indépendante, alors que la Chine immense et massive est incapable de décoller.

Nous connaissons ces données et ces tendances, même si souvent nous cherchons à les minimiser, mais nous continuons à en discuter les conséquences avec les mêmes catégories mentales, alors que pour en tirer parti il nous faudrait changer de logique. C'est donc l'émergence d'une nouvelle logique qui va constituer en fait le passage décisif à une société post-industrielle.

UN CHANGEMENT FONDAMENTAL DE LOGIQUE

La logique dominante de la société industrielle était fondée sur le couple production de masse-consommation de masse. La production de masse permet d'abaisser les coûts et de satisfaire de plus en plus largement les besoins, tels que la civilisation occidentale les a définis. Les producteurs artisanaux et les paysans traditionnels de l'Europe classique pré-industrielle sont très largement éliminés. La consommation de masse, rendue possible par la baisse des prix relatifs, va trouver un nouveau souffle dans l'élévation du niveau de vie et la politique de hauts salaires à laquelle Henry Ford attachera son nom. La création et le maintien d'un cycle production de masse-consommation de masse apparaît aux experts américains qui cherchent à aider les sociétés d'Asie et d'Afrique à sortir du sous-développement comme le noyau essentiel d'une société industrielle moderne. Comment briser les cercles vicieux de sous-production/sous-consommation ? Comment assurer le *take off* qui inaugurera les cercles vertueux de la société développée ?

Deux voies sont également indispensables : la rationalisation de l'offre, c'est-à-dire des activités de production dont les techniques et les règles sont celles de la micro-économie ; et la promotion de la demande, qui est du ressort de la gestion macro-économique dont Lord Keynes a défini les conditions, rationalisant ainsi après coup la contribution des syndicats et de la social-démocratie occidentaux.

L'extraordinaire sophistication des instruments élaborés dans ces deux voies ne doit pas faire illusion sur la simplicité de l'équation. Outils de management, outils de gestion du macro-économique et du social se fondent également, comme le taylorisme et le fordisme, sur la même conception à la fois productiviste et sociale de la société industrielle.

Le management de la micro-économie va se raffiner avec des instruments, des techniques et des méthodes de contrôle des coûts, puis de calcul coûts-avantages, enfin de stratégie produits-marchés. L'apparition de l'informatique va lui donner un nouveau souffle. Le management de la macro-économie, beaucoup plus dépendant du politique, n'a bien sûr pas enregistré les mêmes succès. Mais il a tout de même joué un rôle déterminant dans les extraordinaires progrès du monde occidental au cours des années 1950-1975. Qu'on mesure en comparaison l'impuissance totale de l'URSS et des pays socialistes à assurer leur *take-off*, enlisés qu'ils étaient dans un modèle productiviste étroit, se protégeant de la demande au lieu de s'appuyer sur elle.

En revanche, la faiblesse conceptuelle du système et de la politique qu'il engendre, c'est l'incapacité dans laquelle il se trouve de comprendre vraiment l'homme comme acteur libre et autonome (et finalement comme facteur essentiel de la production) et de dépasser une vision quantitative de la demande. Cela n'a pas trop d'importance quand on a affaire à des populations habituées à l'obéissance et peu éduquées, chez lesquelles les capacités d'innovation sont faibles et les besoins stables. On peut travailler sur une séparation tranchée entre d'une part l'économique et le technique (domaines du rationel dont les facteurs humains peuvent et doivent être exclus ou étroitement subordonnés), d'autre part le social, qui est réduit à la distribution, au domaine de la consommation et à celui du *welfare*. Le management scientifique, dans sa logique extrême, exclut toute référence au choix des hommes, tandis que la gestion scientifique de l'économie les réduit aux facteurs quantitatifs de la demande. L'investissement est toujours compris comme un investissement matériel, et même l'éducation est conçue comme un investissement avant tout quantitatif.

La logique nouvelle, que l'on voit émerger et remplacer insensiblement cette logique classique, est fondée sur des priorités tout à fait différentes. Elle est symbolisée par la prédominance du couple haute technologie-services sur le couple consommation de masse-production de masse. Certes, le contrôle de gestion ne va pas disparaître : on va continuer à calculer au plus juste le rapport coûts-avantages et le retour sur investissement. Mais ce qu'on sait trop bien faire, la rationalisation et le calcul, va perdre de son importance par rapport à ce que l'on ne sait pas trop bien faire, la mobilisation des ressources humaines pour l'élaboration et la mise en œuvre des innovations indispensables à la survie, et pour un rapport différent, plus productif, avec le client.

Quatre éléments essentiels apparaissent, dont l'interrelation permet de parler d'une nouvelle logique.

• Tout d'abord, dans un système de production en évolution accélérée, la capacité d'innover devient la qualité première par rapport à la capacité de rationaliser. Les méthodes de la rationalisation sont désormais si bien assimilées qu'elles ne font plus la différence. Il faut les observer, même si l'on découvre qu'elles peuvent et doivent être assouplies. Mais ce qui va donner le succès, c'est la capacité à innover à la fois dans le produit, dans la technique et dans le rapport au client. Pour maintenir cette capacité, il faut gérer autrement ses ressources, et plus particulièrement les ressources humaines. La rationalisation acquise aux dépens de la capacité de réponse et d'initiative des hommes devient contre-productive.

La notion de besoin, d'autre part, s'estompe et c'est le service au client qui devient central. L'offre peut créer un besoin, non pas par conditionnement de la demande, mais par une meilleure compréhension des capacités du client et par une meilleure symbiose avec lui. Les rapports services-technologie, enfin, deviennent essentiels. Chacune des deux activités stimule l'autre. La création conceptuelle du nouveau service en fonction des possibilités que va offrir la technique devient un acte créatif fondamental aussi important que la découverte du nouveau procédé révolutionnaire ou la stratégie de conquête d'un marché.

- Le deuxième élément est le renversement du rapport quantité-qualité. La logique de la société industrielle était fondée sur la quantité. Bien sûr, la qualité avait son prix, ses conditions, ses fonctions. Mais c'est par rapport à la quantité que s'établissaient les mesures et se structurait le raisonnement. D'ailleurs, sans trop vouloir se l'avouer, on pensait que la quantité devait nécessairement à terme engendrer la qualité.

  La nouvelle logique des services et de la haute technologie sera fondée, elle, sur la priorité à la qualité. La préparation de l'innovation ne se fait pas dans la quantité mais dans la qualité. Sa généralisation sera certes une affaire de quantité, mais à deux conditions : d'abord que la solution technique soit généralisable, ce qui pose une question très particulière aux spécialistes de la qualité, mais aussi et peut-être surtout, que le possible client puisse vraiment en tirer parti dans la mesure où, au lieu de satisfaire chez lui un besoin simple et fixe, on lui propose un usage qui fera appel à un comportement nouveau. C'est la qualité du concept du service qui va faire la différence. Si cette qualité est bonne dans le sens à la fois de son intérêt potentiel et de sa reproductibilité, cette qualité générera la quantité ; tandis que la visée quantitativiste traditionnelle échouera.

- Troisième élément, l'importance désormais centrale de la ressource humaine. Dans un système quantitativiste production de masse-consommation de masse, la ressource humaine est appréciée uniquement du point de vue du nombre et de son adaptabilité à la logique productiviste. Les employés sont interchangeables, de même que les clients. Bien sûr, l'ensemble doit tourner pour le plus grand bien des hommes. Selon la formule traditionnelle, s'il s'agit d'abord d'accroître le gâteau, c'est pour que chacun ensuite puisse avoir une plus grande part. En attendant, la production doit rester entièrement entre les mains des ingénieurs. Quant à la consommation, on déclare que le client est roi mais on ne s'intéresse guère qu'à sa décision d'achat. Dans un système haute technologie-services, les relations se renversent, car la ressource humaine devient la ressource rare : la possession des matières premières, des techniques et même du capital ne sont intéressantes que dans la mesure où l'on peut les mettre en œuvre, c'est-à-dire, en fait, dans la mesure où l'on dispose des ressources humaines qui le permettront. Ces ressources humaines n'apparaissent plus du tout comme interchangeables. L'innovation technique, les nouvelles conceptions de services ne demandent pas seulement de recourir au génie de l'inventeur, elles exigent un milieu de soutien plus riche, plus ouvert, capable de communiquer, offrant des possibilités de fertilisation croisée. Leur mise en œuvre dépend encore davantage de la capacité de mobilisation des divers partenaires. Quant au succès du service même, il n'a de chances que si le client est à son tour considéré comme une ressource humaine, et si ses capacités d'apprentissage sont utilisées.

La priorité donnée à la qualité rend également la ressource humaine décisive. Pas de service efficace sans prestataire de service disposé à le donner, sans preneur capable de le recevoir et sans capacité relationnelle des deux côtés. Pas de qualité partielle et encore moins de qualité totale sans engagement prioritaire de l'employé de base.

Dans tout développement pour de tels projets, c'est la ressource humaine qui va faire la différence. Il ne s'agit pas simplement de la ressource humaine dont l'individu est porteur tout seul, mais au contraire de la ressource organisationnelle qu'elle représente. La ressource humaine pertinente, ce n'est pas une collection d'individus mais une organisation, ou plutôt un ensemble de relations organisées avec une culture.

La réussite du Japon et des Quatre Dragons du Sud-Est asiatique a forcé les Occidentaux, Américains en tête, à reconnaître l'importance première de cette dimension que l'effort de rationalisation avait fait oublier. Mais cette transformation était inscrite dans la logique de la société post-industrielle. Dès que le client, la qualité, le service deviennent centraux, la ressource humaine prend le pas sur toutes les autres. En même temps, il importe de le préciser, ce n'est plus la ressource humaine telle qu'elle est analysée et enseignée dans les conceptions traditionnelles du social. Ce n'est plus le social de consommation et de partage, mais le social de participation, d'engagement et de développement.

- Dernier élément : si l'on adopte une perspective dynamique, la capacité d'innover, de développer de nouveaux services et d'atteindre une qualité de plus en plus grande ne dépend pas seulement de l'investissement matériel (dans les bâtiments, les machines et les fonds de roulement), mais, de plus en plus, de la qualité et de la pertinence de l'investissement immatériel (dans les personnes, dans le système de relations, dans la culture). La sélection par les tests psycho-techniques ou par les examens et les diplômes perd de son importance par rapport à la formation et à l'expérience de coopération à travers des formules de délégation, de décentralisation, de cercles de qualité ou de développement organisationnel. Le concept-clé auquel renvoie le développement de l'investissement immatériel est celui d'apprentissage. Dans cette logique, à l'homme unidimensionnel du modèle industriel se substitue un homme qui décide et s'engage, mais aussi et surtout qui est reconnu comme un être capable d'apprendre individuellement et collectivement, et qui, en apprenant, va se changer lui-même.

La réussite des nouvelles formes d'organisation rendues indispensables par cette nouvelle logique de l'économie va dépendre essentiellement du développement de la capacité d'apprentissage. Cela est également vrai pour la mobilisation des ressources humaines à l'intérieur de l'entreprise, pour la relation au client, et pour la création et le maintien de réseaux inter-entreprises efficaces.

UNE RÉVOLUTION MANAGÉRIALE EST DÉSORMAIS INDISPENSABLE

On ne peut plus désormais organiser, prévoir, commander de la même manière dans une société dominée par une logique différente. Si le moteur des activités change, si les ressources rares ne sont plus les mêmes, le management lui-même doit changer.

L'émergence d'une nouvelle logique va donc nécessairement provoquer à terme une véritable révolution dans notre façon de concevoir l'organisation, la gestion, le commandement des hommes, c'est-à-dire dans tous les principes du management.

Bien sûr, il faudra continuer à assurer la rentabilité. La rigueur ne va pas disparaître, elle va probablement même s'accroître. Mais le jeu ne sera plus le même. On ne hiérarchisera plus les facteurs de la même manière. On ne maximisera plus les mêmes éléments.

Nous avons certes beaucoup évolué depuis le beau temps du management pur et dur des *business schools* américaines des années 50. Mais il s'agit maintenant d'autre chose : ce qui est en jeu, ce ne sont plus seulement les techniques et les méthodes, mais une autre théorie du comportement humain et une nouvelle conception de l'action collective.

Un beaucoup plus grand recul est désormais indispensable, et nous amène à une sorte de révolution conceptuelle. Nous avons d'autant plus de mal à nous pénétrer de sa nécessité et de son urgence que nous sommes obnubilés par les engouements superficiels et les surenchères utopiques qui obscurcissent le débat sur le développement des pratiques du business. La pensée managériale obéit en effet à des canons absolus et éphémères, dont le renouvellement rapide est tout aussi contraignant que celui des modes intellectuelles ou vestimentaires. Nous avons connu, en l'espace d'une génération, se succédant et s'entrecroisant, des passions contradictoires pour l'organisation produit-marché, les groupes autonomes de travail, la direction participative par objectifs, les motivations profondes, le management stratégique, les cercles de qualité, la recherche de l'excellence, la culture d'entreprise, sans compter le culte de modèles eux aussi successifs : modèle suédois, modèle américain, modèle allemand, modèle japonais.

Les sceptiques ont beau jeu de sourire : « Plus ça change et plus c'est la même chose », répètent-ils. Ils n'ont pas tout à fait tort puisque derrière l'agitation intellectuelle, les mêmes pratiques continuent. Chaque nouvelle formule suscite le même enthousiasme démesuré et entraîne les mêmes difficultés de mise en œuvre, les mêmes fatigues, les mêmes déceptions — et une disponibilité à la mode suivante.

Mais ils ont tout de même tort, car derrière le tourbillon de ces efforts et échecs successifs, le monde réel est en train de changer profondément.

Le problème, c'est que ces changements, non seulement ne trouvent pas de débouchés ou plutôt de relais intellectuels, mais, parce qu'ils restent invisibles, ne peuvent contribuer sérieusement à la mise en œuvre de principes plus généraux et d'une philosophie de l'action. Leur accumulation prépare de grands basculements, des ruptures spectaculaires qui nous surprendront quand nous en aurons pris conscience.

Il ne faut pas trop s'en affliger. Le diagnostic est toujours difficile. Les contemporains de la première révolution industrielle avaient conscience d'un changement. Ils pouvaient s'enthousiasmer pour la modernité. Mais les plus imaginatifs et les plus créatifs d'entre eux raisonnaient à contre-courant. Les meilleurs économistes français de l'époque, les physiocrates, proclamaient que toute richesse vient de la terre, au moment même où le développement de l'industrie allait transformer radicalement la hiérarchie terrienne qui fondait nos sociétés. Un peu plus tard, le génial Malthus définissait la loi d'airain des subsistances, qui allait permettre à Marx de développer son modèle d'analyse du capitalisme, alors que la révolution industrielle allait faire reculer pour un très long temps les contraintes étroites à l'intérieur desquelles le développement des sociétés se trouvait circonscrit.

Ainsi, les meilleurs esprits continuent-ils à s'accrocher à l'idée que seule l'industrie est réellement productive et que les services ne sont qu'une activité d'accompagnement.

Le management, art de la pratique s'il en est, n'est pas l'application d'une doctrine mais la réponse donnée à des problèmes et à des contradictions réelles, en fonction des capacités humaines à concevoir et à mettre en œuvre des pratiques appropriées. Si les problèmes changent, non seulement les capacités humaines sont mises à l'épreuve, mais la logique de leur emploi est elle-même à reconsidérer.

Mais, contrairement à la vision terre à terre, empirique et brutale du *business* classique, le passage à une nouvelle logique exige un investissement intellectuel considérable, à partir certes de la pratique, mais en la dépassant. Sans pensée managériale nouvelle, sans une véritable révolution conceptuelle, on ne peut animer, responsabiliser et redévelopper une pratique, même originale, qui reste nécessairement à courte vue.

Théories et doctrines managériales dominantes correspondaient à la rationalisation d'un modèle de société industrielle qui est en train de disparaître. Leurs transformations successives nous ont beaucoup apporté. Elles ont aidé à développer des capacités nouvelles. Mais la réussite de leur application, comme de toutes les doctrines, bute désormais sur un changement de logique. La tâche désormais indispensable de la théorie comme de la pratique est de rendre possible l'élaboration et la mise en œuvre d'une logique qui puisse répondre au nouveau contexte.

LES CHANCES DE LA SOCIÉTÉ FRANÇAISE

La nouvelle logique ne s'impose pas comme un modèle que l'on devrait adopter parce que seul convenable pour le développement de la société. C'est la concurrence entre firmes et entre nations qui fait apparaître la plus ou moins grande validité des approches successives qui l'incarneront. Dans cette compétition, entreprises et nations tirent parti de leurs propres ressources. Chacune a ses chances, en fonction du capital de traditions, de capacités qu'elle a accumulées, et qui, à la fois, lui permet de progresser et la limite.

Contrairement aux images les plus répandues, dans cette phase nouvelle du développement, les chances de la société française sont bonnes.

Le discours dominant en France est fait de plaintes et de récriminations. Chacun bat sa coulpe sur la poitrine du voisin, et tous accusent les concurrents déloyaux du Sud-Est asiatique. Si le rouleau compresseur de l'industrie américaine se remet en marche, si nous ne disposons pas de protection contre le Japon et, pourquoi pas, contre l'Allemagne, nous allons une fois de plus être écrasés. Certes, il peut y avoir du vrai dans les dénonciations de nos faiblesses. Mais le monde nouveau n'est pas pour nous une calamité. Tout au contraire. Au lieu d'exagérer les problèmes et l'urgence de l'action, ce qui nous a souvent conduits à décider dans l'affolement des mesures dangereuses, il serait essentiel que nous réfléchissions sérieusement aux ressources qui sont les nôtres.

Nous restons fascinés par le volontarisme politique, ou même simplement managérial. Ce qui nous entraîne facilement à croire qu'il est possible d'imposer par décret des changements de comportement que seul un apprentissage bien géré et bien soutenu pourrait faire apparaître. Ce faisant, nous restons dans la logique quantitative qui nous empêche de comprendre le monde nouveau et de nous y adapter. Experts et bureaucrates ne voient l'investissement que sous forme de ratios, ce qui les empêche d'en comprendre l'aspect qualitatif et privilégie nécessairement le matériel sur l'immatériel, le coût de la formation sur sa qualité et sa pertinence. A la limite — et on n'en a pas été loin — l'esprit d'entreprise aurait dû ou pu se commander par décret.

Notre pays a beaucoup de problèmes. Mais tous les autres en ont, même le Japon. Si l'on veut y faire face, il faut comprendre à la fois les qualités dont on a besoin et les atouts dont on dispose. De ce point de vue, la France apparaît beaucoup mieux placée qu'elle ne l'était dans les premières phases de la révolution industrielle. Nous avons raté la première révolution industrielle, celle du XVIIIe et du XIXe siècle, dans la mesure où nous n'avions ni les matières premières, ni l'abondance de main-d'œuvre bon marché qui firent le succès de nos voisins anglais, allemands ou belges. Nous n'avons guère mieux réussi dans la seconde, celle du XXe siècle, du fait de la résistance de notre population ouvrière à la rationalisation et de nos consommateurs à la standardisation. La France malthusienne des quatre cents fromages était particulièrement difficile à gouverner dans le monde de la production de masse et de la consommation de masse.

Nous nous sommes adaptés tant bien que mal et avec beaucoup de retard aux grandes usines, aux grandes villes, à la gestion quantitative et à l'économie de marché.

Mais si nous payons encore ces retards qui nous ont donné une certaine infériorité dans les débuts de la course, nous devrions retrouver toutes nos chances quand la ressource fondamentale devient la ressource humaine.

Quoi que nous en disions, nous ne sommes pas le peuple le plus intelligent de la terre. Mais nous avons une culture, des traditions et un niveau d'éducation qui nous donnent une ressource humaine active, capable et motivée. Malgré l'extraordinaire gaspillage que nous en faisons, nous avons des résultats dans tous les domaines nouveaux où son poids est important.

Nous ne sommes pas les premiers pour la haute technologie, mais nous y tenons dans nombre de domaines une place très honorable. Nous disposons de beaucoup des qualités nécessaires pour réussir — qualités d'imagination et de logique, qualités conceptuelles. Et chaque fois que nous réussissons à concentrer nos moyens, nous obtenons des résultats spectaculaires : aviation, espace, nucléaire, et même informatique.

En ce qui concerne les services, la capacité d'invention, l'imagination conceptuelle et même le génie de la vente sont manifestes dans toutes sortes de domaines où les Français font figure de pionniers. Des réussites comme celles du Club Méditerranée, d'Europ Assistance ou de Jean-Claude Decaux, par exemple, se placent dans la meilleure ligne de développement possible. Elles préfigurent les innovations et les activités porteuses de l'avenir.

Certains des défauts traditionnels véhiculés par la tradition des Français, la tendance à intellectualiser, à conceptualiser, la demande de clarté logique, la passion individualiste et le culte des relations humaines et du moralisme apparaissent désormais, sinon comme des qualités, du moins comme de possibles ressources. Un monde où la qualité dominera la quantité, où la ressource humaine primera la ressource matérielle, est un monde où les Français seront beaucoup plus à l'aise que dans celui de la quantité et de la standardisation.

Quant à la motivation pour le développement, elle est particulièrement forte. Contrairement aux idées reçues, depuis trente ans, les Français sortent toujours en tête dans les comparaisons sur le besoin et l'envie de réalisation — le *need for achievement* — qui constitue le seul indice valable de la ressource humaine pour le développement.

Ce qui manque généralement, ce ne sont pas les ressources mais la capacité à les mobiliser et à orchestrer leur mise en œuvre : la capacité d'entreprise plus que la motivation, la capacité à combiner et faire coopérer ensemble les divers partenaires d'un réseau complexe. Plus pratiquement peut-être, la capacité à reconnaître l'importance des investissements immatériels et à les réaliser d'une part, la capacité à organiser l'apprentissage de responsabilités nouvelles, à développer des systèmes de relations et des réseaux complexes, et à en guider l'apprentissage collectif d'autre part. D'où l'importance décisive que devraient revêtir pour la société française l'expérimentation et l'apprentissage de nouveaux modes possibles d'organisation.

Tel est en effet le problème crucial. Passionnés par les opportunités qu'offre l'avenir et par la difficulté des choix qu'elles imposent, beaucoup de dirigeants se concentrent sur la stratégie et oublient ou minimisent l'organisation. Les Français ont une longue, glorieuse et plus que dangereuse tradition, qui consiste à croire que l'intendance suivra. Ils ne voient pas que le point crucial, comme toujours, c'est le maillon faible, celui qui risque de rompre et dont le renforcement fera la différence.

La ressource organisationnelle, la capacité à faire coopérer des personnes plus libres devient à la fois plus difficile et plus décisive dans le monde nouveau de l'innovation.

Dans la nouvelle logique des services et de la haute technologie, l'organisation change de forme, mais ne devient pas pour autant secondaire. Sa mise en œuvre exige le passage à de nouveaux modèles, à une nouvelle philosophie des rapports humains organisés et la difficulté réside davantage dans ce passage que dans la conception stratégique.

Ce qui caractérise en effet le monde de la liberté, de la qualité et de la primauté des rapports humains dans lequel nous entrons, ce n'est pas *moins* d'organisation mais *plus* d'organisation. Le paradoxe moderne, c'est que plus les individus sont libres, plus une anarchie humainement acceptable ne reste possible qu'avec un supplément extraordinaire d'organisation.

Il s'agit, il est vrai, d'un modèle d'organisation extrêmement différent, beaucoup plus ouvert, souple et tolérant. Mais il s'agit toujours d'organisation impliquant limites, contraintes, coordination et gouvernement. Le malentendu vient du fait que nous ne pouvons encore imaginer l'organisation autrement que taylorienne et bureaucratique, et donc que, pour nous débarrasser de contraintes devenues insupportables et inefficaces, nous entreprenons de supprimer toute possibilité d'organisation. Tout le monde a ainsi rêvé de transparence : les gauchistes avec l'autogestion, les ultralibéraux avec les formules de direction par objectifs assurant, comme l'avait déjà cru Taylor, le remplacement du gouvernement des hommes par l'administration scientifique des choses.

La transparence est impossible. Nous avons toujours besoin d'organisation, mais d'organisation plus sophistiquée. Les formes que nous connaissons actuellement ont beaucoup évolué depuis Taylor. Elles sont néanmoins encore dramatiquement inadéquates pour les problèmes que nous avons à résoudre: elles ne permettent de mobiliser qu'une faible partie des ressources humaines disponibles. Elles ne sont efficaces que dans les situations où l'emploi de ces ressources compte moins que la standardisation de comportements simples permettant précision et rigueur d'exécution. Elles deviennent insuffisantes dans les situations complexes que nous connaissons de plus en plus, non seulement parce qu'elles ne permettent pas d'obtenir la masse d'informations qualitatives pertinentes qu'exige la conduite des affaires, mais aussi parce qu'elles rendent impossible une exécution imaginative, spécialement dans la relation au client, et tendent à imposer un schéma déductif plus pauvre dans la conception stratégique et dans l'élaboration des décisions. Incapables de porter l'innovation, elles entraînent la répétition des formules éprouvées et provoquent des renouvellements par crise coûteux et souvent erronés.

Ce problème se rencontre partout en Occident, aux États-Unis comme en Allemagne Fédérale. Nous ne sommes pas les seuls à souffrir de tels défauts d'organisation. Mais la société française est particulièrement marquée dans la mesure où elle a considérablement investi dans les modèles et même les mythes bureaucratiques. Elle ne peut concevoir facilement d'organisation qui ne soit structurée, hiérarchisée, contraignante. En même temps, elle n'en supporte que très péniblement le poids. Mais plus elle s'en plaint, plus elle le renforce. D'où le paradoxe que nous constatons: l'existence, en même temps, de grandes ressources humaines et d'une incapacité foncière à les mobiliser.

Le point sensible, le maillon manquant, ce sont les formes d'organisation appropriées; la tâche la plus urgente à accomplir, c'est l'expérimentation et la diffusion de formes d'organisation nouvelles.

[illegible] à l'économie, elles ne [illegible] en [illegible] de [illegible] Elles ne sont [illegible] que dans les [illegible] l'emploi de ces [illegible] [illegible] [illegible] [illegible] [illegible] [illegible] [illegible] [illegible] [illegible] la classe d'[illegible] entre partenaires qu'exige la conduite des affaires, mais aussi parce qu'elles rendent impossible une expansion [illegible], spécialement dans le [illegible] du [illegible] [illegible] un [illegible] [illegible] les [illegible] la conception [illegible] que [illegible] des [illegible] [illegible] de [illegible] l'[illegible], elles sont aussi la répétition des [illegible] et provoquent des [illegible] par [illegible] de [illegible].

Le problème se [illegible] posé en [illegible] [illegible] en Allemagne fédérale. Mais les [illegible] par les [illegible] d'[illegible] [illegible] la [illegible] française [illegible] la mesure où elle [illegible] dans les [illegible] les [illegible] [illegible]

[illegible]

2

LA NÉCESSITÉ DE NOUVEAUX PRINCIPES D'ORGANISATION

LA NOUVELLE PERTINENCE DES PROBLÈMES D'ORGANISATION

Pour qu'une nouvelle logique prenne corps il faut qu'elle s'incarne dans de nouveaux rapports humains, au sein d'un système d'organisation qui obéit à d'autres principes. L'effervescence intellectuelle que génère un changement de l'horizon du monde n'est pas suffisante pour modifier la réalité. Les vues des visionnaires ont beau provoquer l'enthousiasme, elles sont en même temps vite étouffées par les anxiétés de ceux qui ne peuvent s'adapter au modèle implicite qu'elles supposent.

La perte de sens et le désarroi, voire parfois la panique, que les ruptures logiques suscitent sont, on l'oublie trop souvent, des freins plus efficaces au changement que les intérêts matériels et même que les attitudes routinières que l'on a coutume de décrire dans les analyses de résistance au changement. C'est seulement l'incarnation de la nouvelle logique dans les modèles d'organisation qui va donner le sens sans lequel ne peut se développer un apprentissage efficace.

Le problème est beaucoup plus profond qu'on ne le croit car c'est d'une véritable rupture logique qu'il s'agit. Une telle rupture est tout à fait différente du développement « incrémental » auquel nous sommes habitués, procédant par essais et, erreurs compatibles, au moins provisoirement, avec la logique ancienne. Tant que domine ce type de développement, les systèmes d'organisation peuvent assimiler de nouvelles méthodes et de nouveaux raisonnements, qui s'ajoutent aux précédents en les perfectionnant, les corrigeant et même en les contrecarrant sans mettre en question leur validité. Le résultat en est une sophistication croissante des techniques, des concepts et même des raisonnements.

Mais quand on en arrive à un renversement de logique, il devient essentiel de disposer de nouvelles formes d'organisation pour la rendre possible et en quelque sorte la porter. On peut même dire que ces nouvelles formes d'organisation sont consubstantielles à la nouvelle logique, que l'une ne va pas sans les autres, qu'il ne peut plus y avoir d'avancée intellectuelle sur le management et la société sans une nouvelle conceptualisation des rapports humains organisés.

Ces vérités, simples sinon simplistes, sont d'autant plus difficiles à admettre et même à concevoir que le problème de l'organisation semblait jusqu'ici totalement passé de mode, pour une bonne part parce qu'il se trouvait associé aux conceptions anciennes, qui nous paraissent tellement dépassées, de l'organisation scientifique du travail.

La grande époque de la réflexion sur l'organisation, c'est en effet la période des fondateurs qui ont formulé les principes sur lesquels ont reposé les immenses efforts de rationalisation caractéristiques de notre deuxième révolution industrielle, le couple quantitativiste production de masse-consommation de masse. Quelles que soient les critiques et les résistances passionnées qu'ils ont suscitées, Taylor et Bedeaux[1], Fayol, Gulick[2] ou Kotarbinski[3] et leurs innombrables émules avaient façonné pour très longtemps, non seulement les pensées des dirigeants d'entreprise, des ingénieurs et des cadres en matière d'organisation du travail, de management et de gestion, mais celles des politiques, des administrateurs et du grand public sur ce que peut être une démarche d'action raisonnable.

Le héros de la grande période de rationalisation que nous avons connue, c'est cet ingénieur implacable que Jean-Paul Sartre poursuivait de sa vindicte, et particulièrement l'ingénieur-conseil qui apportait l'ordre et la raison dans le monde de la routine et des sentiments humains.

Malgré quelques retours de flamme avec la rationalisation des choix et les mirages de l'informatique, ces héros étaient de plus en plus oubliés dans notre monde pressé de managers et de financiers. Les conseils en organisation étaient devenus consultants en management, en stratégie, en communication, et pourquoi pas en relations humaines. Les problèmes d'organisation semblaient réglés. Ce n'était plus là que se portait le front du progrès.

Nous voilà revenus, en apparence, au point de départ. C'est à nouveau l'organisation qui commande, mais dans une perspective radicalement différente et même en fait opposée. La réflexion sur l'organisation ne peut plus être une réflexion logique *a priori* sur la meilleure façon rationnelle, scientifique, d'organiser le travail, d'allouer

1. Le plus grand ingénieur de la rémunération rationnelle à partir de la mesure des temps et mouvements fut un Français, Charles Bedeaux.

2. Le Français Henri Fayol et l'Américain Gulick furent parmi les premiers théoriciens du management scientifique.

3. Kotarbinski fut le père de la praxéologie polonaise, la « science du bon travail » qui a dominé la pensée de l'Europe de l'Est jusqu'à nos jours.

les ressources et même de hiérarchiser les pouvoirs et de les contrôler. C'est une réflexion sur la capacité des groupes humains à coopérer dans des systèmes beaucoup plus complexes et sur les meilleurs moyens de développer et d'utiliser cette capacité.

Le problème est désormais *sociologique*. Il s'agit de susciter une coopération efficace entre les membres d'une organisation dans le cadre des contraintes techniques et économiques. Étant entendu par ailleurs qu'il n'y a pas de coopération sans conflit et qu'il est illusoire de vouloir motiver des subordonnés ; les développements de la liberté humaine sont tels que les responsables ne peuvent plus se donner comme mission que de créer *les conditions nécessaires pour qu'ils se motivent eux-mêmes*.

Une conception commence à s'effacer : issue directement du rationalisme de l'organisation scientifique et poursuivant la dérive antérieure, elle aboutissait paradoxalement à nier complètement le phénomène « organisation » ; la voie nouvelle retrouve le primat de l'organisation qui avait fait le succès de Taylor, mais avec des postulats très différents. Nous revenons bien au temps des principes, mais justement parce que nous sommes capables d'en concevoir de nouveaux, tout à fait opposés aux premiers.

La voie traditionnelle encore dominante est en fait très conformiste sous son apparente sophistication. Face au changement des activités et des potentialités humaines, on ignore le nécessaire changement de logique. En revanche, on accélère la rationalisation, en utilisant au maximum les possibilités qu'offrent les techniques de supprimer les contraintes humaines. L'arrivée des générations successives d'ordinateurs de plus en plus performants, le développement des systèmes informatiques, les possibilités croissantes de robotisation, ont ainsi déclenché de nouveaux rêves d'ingénieurs technologues et systémistes. Avec l'usine presse-bouton, on n'aura plus besoin de rationaliser l'organisation, car en fait il n'y aura plus d'organisation : pas seulement parce que les êtres humains seront en passe de disparaître, mais parce que ceux qui resteront seront des techniciens qui pourront avoir des relations parfaitement « objectives » dans un ensemble transparent. Beaucoup d'économistes rationalistes, de leur côté, semblent aller dans le même sens avec les conceptions nouvelles d'externalisation. Ils entrevoient la possibilité de faire éclater l'entreprise unitaire d'autrefois (et d'aujourd'hui), condamnée à organiser les rapports complexes entre fonctions, métiers et niveaux hiérarchiques, pour que les vrais entrepreneurs puissent se consacrer à l'essentiel, c'est-à-dire à l'innovation, au calcul stratégique de la micro-économie et au meilleur agencement abstrait de tous les facteurs de production qui les rendent possibles.

Entendons-nous bien : tout n'est pas erreur ou illusion dans cet effort incessant des rationalisateurs. Quantité de progrès ont été réalisés dans cette voie, et de plus importants encore le seront certainement. Mais la réflexion sur le développement qui sous-tend sa poursuite est, à mes yeux, viciée par son refus d'envisager le problème essentiel, dont la solution commande le succès de ses tentatives : la capacité individuelle et surtout collective des hommes à assumer fonctions, rôles et relations indispensables à la mise en œuvre de la rationalisation.

Les adeptes de ce courant de pensée, en effet, estiment que les hommes accepteront sans problème des systèmes plus transparents, donc plus justes et plus efficaces. S'ils rencontrent des difficultés, ils se contentent d'en rejeter la responsabilité sur l'environnement politique et social. Or, le problème n'est pas la conception d'un système mais sa mise en œuvre organisationnelle. L'introduction de la clarté dans les rapports humains ne permet pas d'éliminer l'organisation. Parce qu'elle force à affronter directement tous les conflits, elle demande au contraire plus de préparation, plus de complexité, donc plus d'organisation. Supprimer les intermédiaires, c'est bien sûr supprimer des situations de pouvoir. Mais ce n'est pas du tout se débarrasser des problèmes de pouvoir. C'est, en revanche, supprimer les protections qui permettaient d'en alléger le poids.

Comment affronter cette situation ? D'abord en acceptant une autre logique, qui récuse l'idée de transparence absolue comme elle récuse l'idée d'un optimum à partir duquel on pourrait rationaliser toutes les opérations. La voie nouvelle dont nous avons besoin s'oppose à l'organisation classique étroite, fermée, de fonctions spécialisées et coordonnées. Elle prend comme support le système humain large, à la fois interne et externe, qui est confronté à la réalité des contraintes matérielles et humaines et qui sera d'autant plus apte à y répondre qu'il sera plus capable collectivement, non seulement de se gérer selon un programme, mais de connaître cette réalité, de s'y adapter et d'innover. Le problème essentiel ne sera plus de diviser, répartir, coordonner, voire programmer les agents humains comme aux temps de l'OST, mais de mobiliser les capacités individuelles et collectives existantes pour atteindre des buts, et de développer ces capacités pour proposer d'autres buts. Pour gérer des réseaux nécessairement plus complexes, pour assurer la précision des ajustements entre professionnels et techniciens (plus compétents donc plus libres), pour maintenir une capacité d'innovation suffisante, il faut créer de nouvelles formes d'organisation. Et pour cela, non pas revenir *aux principes*, mais revenir *sur les principes* qui nous étaient devenus une seconde nature, c'est-à-dire les renverser.

LES ENTREPRISES COMME LABORATOIRES

Si l'organisation et les principes qui la fondent constituent le problème-clé du développement, les entreprises en sont le laboratoire. Car c'est en leur sein que ces principes peuvent être confrontés à la réalité. Elles sont, plus que tout autre institution humaine, soumises au *principe de réalité*. Administrations, syndicats, partis politiques, églises ou associations diverses sont peu ou prou protégés, au moins au premier niveau, contre cette confrontation. On pourrait croire qu'ils sont ainsi plus libres d'expérimenter. Mais paradoxalement, selon un mécanisme très général, ils sont en fait davantage prisonniers des contraintes, pour deux raisons. Ils n'ont pas de recours contre la pression du système humain interne et externe dont ils dépendent ; et ils n'ont guère de moyens pour mesurer directement et précisément le résultat de leurs efforts. Ils ne voient donc pas facilement les failles des principes d'organisation qu'ils appliquent.

Mais si les entreprises, elles, sont davantage capables de reconnaître les échecs, les analyser leur pose problème car elles manquent des catégories de pensée nécessaires pour le faire. Elles sont prisonnières des modes de pensée engendrés par leur logique et leurs principes d'organisation, qui les empêchent de conceptualiser cette réalité qu'elles vivent. Ce sont souvent les événements extérieurs, les crises, les réussites des concurrents et de l'étranger qui les forcent à s'interroger. Le succès du livre *Le Prix de l'Excellence*[4] aux États-Unis, puis en Europe, ne peut se concevoir sans tenir compte du choc logique, conceptuel pourrait-on dire, que représente la réussite d'une concurrence japonaise qui n'appliquait pas les principes reconnus.

Les problèmes d'organisation sont à la fois conceptuels et existentiels. Le vécu précède l'idée, mais seule l'idée permet de comprendre le vécu et donc de le formaliser, de le développer et de reculer des limites du possible. Tant qu'il n'y a pas de concept nouveau, le

4. Thomas Peters et Robert Waterman, *Le Prix de l'Excellence*, Inter-Éditions, Paris, 1983.

développement est extrêmement lent. L'émergence d'un concept nouveau ne peut se faire en revanche qu'à partir de l'expérience. Les entreprises ne font pas émerger de nouveaux principes par génération spontanée. Elles ont besoin de la stimulation qu'apporte l'introduction d'un raisonnement formalisé. Mais ce raisonnement formalisé n'a pas de chance de réussir s'il est imposé à partir d'une réflexion technocratique détachée de l'expérience.

Le monde occidental, dans ce domaine, subit une mutation extrêmement profonde. Dans tous les pays très développés, des processus nouveaux apparaissent : expérience vécue, conceptualisation de l'expérience, confrontation aux raisonnements dominants, émergence de nouveaux principes, nouvel éclairage de l'expérience vécue, expérimentation, nouvelle conceptualisation. Nous vivons avec beaucoup de difficulté cette période de mutation et les confrontations incessantes qu'elle entraîne. La gestation est d'autant plus douloureuse qu'elle s'accompagne de perte de sens, donc de désarroi.

En France comme dans tout le monde occidental, l'époque actuelle est bien celle d'une révolution conceptuelle. Curieusement, nous avons d'autant plus de mal à l'admettre que nous valorisons exagérément les démarches intellectuelles et les pensées révolutionnaires, même en matière de management. En fait, ce sont les praticiens qui commencent effectivement à changer de logique, et non les intellectuels du management. Mais ce changement, dont l'importance à terme est probablement décisive, est d'autant moins spectaculaire qu'il est profond.

Les entretiens que j'ai effectués et les discussions que j'ai menées en 1984-1985 pour le compte de l'Institut de l'Entreprise font apparaître les premiers éléments de cette sorte de révolution conceptuelle. Si on les rassemble, on voit se dessiner une nouvelle logique. Mais cette logique en même temps n'est pas encore vraiment perçue. Elle pose beaucoup de problèmes nouveaux dont les protagonistes n'ont pas vraiment conscience, et qui les empêchent de la mettre réellement en œuvre. Il reste que le monde, à travers elle, commence à apparaître sous un jour différent, et qu'avec la capacité nouvelle de raisonner sur les faits qu'elle apporte, se libère aussi la capacité d'imaginer et de créer.

A ce premier stade de réflexion, la logique nouvelle qui s'est dégagée de l'analyse des entretiens, puis de la discussion de cette analyse et de sa présentation au cours des deux Forums de l'Entreprise de 1985 et 1987, s'organise autour de trois principes : le principe de la simplicité, le principe d'autonomie et le principe de gouvernement par la culture.

- Le *principe de simplicité* ne consiste pas à dire : il faut être simple ; mais *la meilleure réponse à la complexité des rapports humains* que nécessite toute entreprise commune, *c'est la simplicité de l'organisation*. La conception ancienne de l'organisation scientifique du travail consistait à ne concevoir la pensée organisationnelle qu'à travers les structures et les procédures ; on découvre maintenant que c'est l'esprit humain qui est en fait le meilleur instrument intégrateur permettant de faire face à la complexité.
- Si c'est l'esprit de l'opérateur qui doit répondre au problème, il faut que cet opérateur ait la liberté et la responsabilité d'agir. D'où la nécessité du second principe, le *principe d'autonomie*. Il n'est pas nouveau certes, mais il est vécu désormais de façon totalement différente, car il ne va plus s'agir du respect de la personne et de ses droits face aux contraintes de l'organisation, mais de découvrir le besoin qu'a l'organisation de la liberté de la personne.
- Le troisième principe, *le gouvernement par la culture*, est la réponse logique aux problèmes posés par les deux premiers. Une organisation réduite à la simplicité, fondée sur l'autonomie des personnes et des unités

de base, ne peut plus se gouverner par les règles de procédure dont la réflexion sur le premier principe montre les limites, ni sur les ordres hiérarchiques qui tendent à nier l'autonomie des personnes. Si on ne peut plus gouverner par les règles ou par les ordres, la seule façon de maintenir le minimum de contraintes indispensables à la coordination des efforts, c'est de s'appuyer sur la culture que secrète tout groupe humain ayant une communauté d'objectifs. La découverte de l'importance du culturel dans l'orientation du comportement devient alors un nouvel élément essentiel du raisonnement sur l'action.

Nous allons reprendre successivement chacun de ces trois principes à partir des premiers entretiens effectués.

LE PRINCIPE DE SIMPLICITÉ

La première et plus forte réaction des patrons français que nous avons consultés quand on leur parle de nouvelles formes d'organisation, c'est la demande et la volonté ferme de simplicité.

Depuis longtemps certes, on a réagi contre cette complication des procédures et des structures que nous contribuons pourtant tous à aggraver par nos demandes et nos actions. La plaisanterie universelle « Pourquoi faire simple alors qu'on peut faire compliqué ? » n'a pas été inventée par des petits commerçants français en colère : c'est une expression classique américaine qui doit dater des années 20.

La vague actuelle est toutefois différente par son ampleur et sa nature. Son succès médiatique n'est plus un succès de dérision ; il touche avant tout un grand public cultivé, sérieux, désemparé devant les échecs de plus en plus flagrants des méthodes classiques de gestion. Les trois millions d'exemplaires américains du *Prix de l'Excellence*, un livre dont son éditeur attendait seulement une diffusion confidentielle, ne doivent rien à la publicité. Cette offre limitée, timide même, a révélé une disponibilité latente tout à fait inattendue.

On peut naturellement critiquer cet ouvrage trop dogmatique, aux slogans parfois simplistes et qui, après avoir inquiété, rassure en donnant de bonnes recettes. Mais ce qui est en jeu est beaucoup plus profond. Il s'agit de la réponse à donner à la complexité croissante du monde.

Jusqu'ici on avait cru pouvoir répondre à cette complexité par une complexité équivalente des systèmes de gouvernement, aussi bien dans les entreprises que dans les organisations publiques. La réflexion nouvelle sur les systèmes faisait découvrir la multiplicité des relations, des influences et des réseaux dont est tissée l'action collective. De la reconnaissance de cette réalité foisonnante on tirait l'idée qu'il fallait tenir compte de tous les multiples éléments qui la constituaient pour parvenir à une décision raisonnable mais aussi — sans se rendre compte du saut que l'on accomplissait dans le raisonnement — qu'il fallait que tous ces éléments fussent représentés dans l'instance de décision.

Un scientifique éminent s'était illustré en donnant son nom à la loi d'Ashby: un système à n degrés de complexité doit comporter un *steering group* à n-1 degrés de complexité.

Cette façon d'aborder le problème justifiait et renforçait le développement, déjà proliférant, des spécialisations fonctionnelles d'une part, des échelons de coordination d'autre part. Les directions de grandes entreprises devenaient des bureaucraties d'autant plus morcelées et impossibles à gérer que leurs *services fonctionnels* étaient plus compétents. Cette tendance aboutissait à dépouiller les exécutants — et, à la limite, tous les opérationnels — d'une véritable liberté d'initiative. La reconnaissance des interdépendances impliquait que la négociation soit effectuée au sommet, en tenant compte des contributions des divers spécialistes chargés de préparer les solutions optimales en fonction de tous les paramètres. La science de l'organisation, pour autant qu'elle existât encore, consistait essentiellement à sophistiquer procédures et structures de façon qu'elles puissent répondre à tous les problèmes possibles.

Dans l'ordre politique, l'organisation interne du gouvernement de Jimmy Carter offrit une des plus caricaturales illustrations auxquelles pouvait conduire la mise en œuvre de la loi d'Ashby : pour répondre à la complexité du monde environnant, le Président eut en fait pendant plusieurs années trois ministres des Affaires Étrangères menant trois politiques contradictoires : Andrew Young aux Nations Unies traitant des relations avec le tiers monde, Zbigniew Brzezinski en charge de la confrontation Est-Ouest et Cyrus Vance, patron officiel du Département d'État gardant la responsabilité de tout le système des relations traditionnelles. Le degré de spécialisation de chaque filière rendait impossible la poursuite d'une véritable politique. Certes, coordination et arbitrages étaient théoriquement bien organisés, mais ils étaient d'ordre bureaucratique. La réponse ainsi donnée à la complexité n'aboutissait qu'à un modèle de complication.

Le retournement profond qui est en train de se dessiner actuellement est fondé sur un raisonnement opposé à celui de la loi d'Ashby. La seule bonne réponse à la complexité, c'est la simplicité des structures et des procédures. Suivre la complexité des interrelations humaines par la spécialisation des structures et la sophistication des procédures aboutit immanquablement à l'enlisement bureaucratique.

Il ne s'agit pas, bien sûr, de nier contre toute évidence la complexité des systèmes humains et sociaux, mais de réfléchir à une meilleure façon de la maîtriser. Structures et procédures ne permettent pas de répondre à la complexité. Elles tendent à la cristalliser en complication. Ce sont les êtres humains qui sont les plus capables d'absorber la complexité, car eux seuls peuvent trouver des solutions de dépassement, changer les termes du problème, investir dans une meilleure connaissance, avoir une politique.

L'effort vers la simplicité, en revanche, est à l'opposé du simplisme qui trop souvent l'accompagne. Monsieur Jourdain, patron traditionnel, découvre en lisant *Le Prix de l'Excellence* que depuis toujours il faisait de la prose puisqu'il refusait la sophistication des experts et des conseils. Or, cette sophistication-là est de plus en plus indispensable, mais elle ne doit plus être contenue dans les structures et codifiée dans les procédures — les *rule books* des grandes entreprises américaines devenus au fil des années des codes de plusieurs centaines de pages. C'est par la professionnalisation des hommes qu'on va en tirer parti.

Le grand slogan anglo-saxon de la première moitié du vingtième siècle était le suivant: l'organisation, c'est l'art, enfin dépassé, de faire de grandes choses avec des hommes médiocres. L'art nouveau sera désormais de rendre les hommes non médiocres. Le mot d'ordre sera: *professionnalisez les hommes au lieu de sophistiquer structures et procédures.*

La tâche est difficile. Elle implique d'abord un considérable effort d'analyse, afin de trouver les bons points nodaux à partir desquels la simplification peut s'opérer ; parallèlement, un investissement dans les hommes, qui doivent se professionnaliser beaucoup plus pour être capables de répondre à la complexité ; enfin l'apprentissage collectif de modes plus simples de résolution des problèmes.

Ainsi peut-on parvenir à opérer avec des structures « plates » et un nombre de fonctionnels extrêmement réduit. Une entreprise de services informatiques sophistiqués, très importante dans son secteur d'activité, est parvenue ainsi à supprimer toute direction de personnel fonctionnelle, laissant la responsabilité totale des questions de personnel à ses chefs d'unité[5]. Ces problèmes ne sont pourtant pas traités en amateurs. Peu d'entreprises en ont une appréciation plus réaliste et plus sophistiquée. Ce sont les chefs d'unités qui sont porteurs de la spécialisation nécessaire, d'autant plus pertinente que sa complexité aura été réduite.

LE PRINCIPE D'AUTONOMIE

Le second principe qui reparaît constamment dans tous les commentaires que nous avons reçus — avec les nuances diverses de décentralisation, de délégation et d'autonomie — pourrait être considéré à première vue comme corollaire du premier. Un des meilleurs moyens de réduire la complexité est en effet de donner l'entière liberté de décision à des unités opérationnelles fortes. C'est d'autre part un principe politique et moral très ancien, vieux comme le monde, aimerait-on dire, mais néanmoins toujours bafoué.

S'il revient actuellement en force, c'est toutefois dans une tout autre perspective. Non pas dans un objectif de simplicité, encore moins par humanisme, mais comme principe d'efficacité et de développement.

La revendication ancienne d'autonomie était idéaliste. Il s'agissait de rendre les gens plus libres ; c'est-à-dire, pour les chrétiens prônant le principe de subsidiarité, de mieux respecter la personne humaine ; et pour les anarchistes de la fin du XIXe siècle, puis pour les vagues successives de révolte anti-bureautique, des *shopstewards* aux soviets des années 10 et 20, jusqu'à l'autogestion d'aujourd'hui, c'était le moyen de supprimer,

5. Nous ferons l'analyse des problèmes et des succès de cette entreprise dans le chapitre 8.

avec le pouvoir des hiérarchies, l'inéluctable exploitation qu'elles en font.

Même dans sa version réformiste de l'« entreprise à taille humaine » que nous avons connue en France avec le mouvement ETHIC, il s'agissait toujours, au fond, d'assurer le bonheur des hommes grâce à la convivialité, et corrélativement de conforter la paix sociale grâce au travail dans de petites unités, situées de préférence à la campagne.

Tel qu'il apparaît actuellement, le principe n'est plus destiné à limiter l'organisation, voire à la supprimer (comme dans les formules anarchistes ou autogestionnaires extrêmes), c'est au contraire un principe fondamental d'organisation, destiné à assurer la meilleure efficacité et qui s'impose dans notre économie post-industrielle. Il ne s'agit plus de lutter contre l'idée d'organisation, mais de la repenser en fonction du contexte dans lequel elle doit opérer.

On peut le comprendre mieux à partir de trois grands problèmes que l'organisation ainsi repensée permettra de beaucoup mieux traiter: celui du client, celui du métier, celui de l'esprit d'entreprise. Le principe d'autonomie est indispensable pour que l'organisation puisse se brancher plus efficacement sur le client, se concentrer sur les métiers où elle excelle, et diffuser l'esprit d'entreprise et d'innovation à l'échelon opérationnel là où il est le plus efficace.

D'abord le problème du client. Dans le système production de masse-consommation de masse, le client est devenu anonyme. Il est possible et fructueux de standardiser les prestations qui lui sont offertes. Cela permettra d'en diminuer le coût, ce dont il finira toujours par bénéficier. Marketing et publicité sont conçus de façon standardisée, sans rapport avec la production. La vente elle-même, si elle exige initiatives et ajustements, ne peut y parvenir que marginalement. Dans le système *hi-tech-services* au contraire, la relation avec le client devient centrale ; c'est à travers elle qu'on gagne, qu'on apprend, qu'on découvre les possibilités de développement. C'est donc en créant un système d'organisation qui place le pouvoir de décision le plus près possible du client qu'on pourra le mieux réussir à en tirer parti.

Des unités opérationnelles suffisamment petites pour être vraiment proches du client ont beaucoup plus de chances de répondre rapidement et efficacement à sa demande, de bien maîtriser la symbiose qu'il faudra développer avec lui, pour apprendre de lui et l'aider à apprendre. Rapidité, compréhension, capacité de dialogue, capacité d'innovation sont autant de qualités indispensables que seules peuvent assurer des unités autonomes ; pouvant agir sans solliciter des accommodements aux règles standardisées de traitement.

Quand le client doit s'installer à l'usine pour apprendre à tirer parti d'un nouveau type d'équipement, mais en même temps pour aider à le repenser en fonction des besoins spécifiques qui sont les siens, l'usine et l'atelier concernés recouvrent leur autonomie.

Même dans un cas aussi caractéristique de la permanence du système production-consommation de masse que l'automobile, l'extraordinaire succès de Nissan-Datsun en Californie n'a été possible que grâce à l'accidentelle autonomie dont jouissait le responsable japonais sur place : ainsi s'est développé un apprentissage mutuel, autrement impossible à organiser[6].

Le deuxième problème auquel répond l'autonomie est celui du métier. Dans la vision industrielle, rationalisatrice, la spécialisation de plus en plus poussée peut donner l'impression de la disparition des métiers — ceux-ci se décomposant en opérations de plus en plus parcellaires et standardisées. Le métier est une valeur traditionnelle de résistance à l'organisation. Dans le

6. David Halberstam a retracé avec talent cette extraordinaire aventure dans *The Reckoning*, William Morrow, New York, 1986.

système post-industriel, les métiers perdent leur permanence, ils se transforment, se décomposent et se recomposent continuellement, mais en même temps ils deviennent (ou redeviennent) centraux. Car c'est autour du système relationnel qu'ils représentent que l'entreprise accroît, avec son expertise, ses possibilités de succès. Ce n'est plus en rationalisant abstraitement la gestion et la promotion d'activités disparates que l'on va gagner, mais en se concentrant sur les métiers sur lesquels on peut devenir les meilleurs. Or seules les unités opérationnelles sont capables de développer au maximum cette reconcentration sur les métiers centraux, car elles peuvent maîtriser le système relationnel à travers lequel ceux-ci se développent.

Le troisième avantage de l'organisation fondée sur le principe d'autonomie, c'est sa capacité plus grande d'entreprise et d'innovation. On a vu trop longtemps l'esprit d'entreprise comme un principe supérieur incarné par le chef d'entreprise, surtout dans la période de création. Cette vision ne rend pas compte de la complexité de l'organisation moderne, fruit d'efforts collectifs. S'il n'y a pas esprit d'entreprise et capacité d'innovation à la base, l'entreprise « routinisée » répond de plus en plus mal aux demandes de l'environnement, et même aux injonctions fatalement trop générales, sinon abstraites, de ses chefs. Pour que l'entreprise soit vivante, il faut qu'elle ne soit pas entreprise seulement au sommet mais aussi à la base. Et pour cela il faut qu'elle soit autonome.

Mais que deviennent en l'occurrence les avantages décisifs que l'on croyait ne pouvoir trouver que dans l'intégration d'ensembles de plus en plus grands ? Ces avantages étaient surtout matériels : la masse critique permettait la rationalisation des activités, la domination du marché ; elle donnait enfin, avec la capacité et la liberté d'investir sans contrainte, les moyens de s'engager sérieusement dans la recherche et le développement. On découvrait aussi, à l'expérience, des avantages d'ordre humain : l'existence d'un pool beaucoup plus large de talents, des possibilités de carrière plus attirantes, l'occasion d'utiliser la fertilisation croisée des expériences.

Ces avantages, toutefois, n'apparaissent plus aussi décisifs. Quand l'intégration est obtenue par des modes de gouvernement bureaucratiques, les avantages humains disparaissent, et même les avantages économiques sont fortement diminués. Dominer le marché devient dangereux car on est facilement le prisonnier de ses marchés captifs ; la planification, même stratégique, peut devenir aussi illusoire pour les grandes entreprises que pour les États. Reste essentiellement la rationalisation des activités. Mais cet avantage est très variable selon les secteurs et il tend à décroître ou même à disparaître dans les activités les plus motrices du système post-industriel ; la haute technologie et les services innovateurs ne prospèrent pas par la rationalisation.

Certains économistes et historiens comme Oliver Williamson et Alfred Chandler[7] ont mis en évidence l'importance des « coûts de transaction » pour comprendre la transformation de l'Amérique de la fin du XIXe siècle en une économie de grandes unités industrielles. C'est parce que les hiérarchies nouvelles pouvaient réduire drastiquement ces coûts qu'elles l'emportaient sur les systèmes constitués de petits producteurs et d'innombrables intermédiaires assurant la commercialisation.

Mais à notre époque, ce sont les coûts d'intégration qui deviennent le point sensible. Ils s'alourdissent en raison de l'incapacité des systèmes de direction à s'adapter aux exigences de liberté des agents et à la complexité des problèmes à traiter. De sorte qu'il peut devenir plus

7. Oliver E. Williamson, *Markets and Hierarchies : Analysis and Antitrust Implications*, The Free Press, Macmillan, New York, 1975 et Alfred Chandler, *The Visible Hand : The Managerial Revolution in American Business*, Belknap Press, Harvard University, 1978.

rationnel d'accepter des coûts de transaction plus élevés. C'est un peu l'objectif des réseaux de franchise et des entreprises conjointes.

Mais il existe une autre voie : celle, précisément, de l'autonomie interne, grâce à laquelle on a tenté de diminuer les coûts d'intégration tout en maintenant minimes les coûts de transaction. Le point sensible devient alors le mode de gouvernement, qui doit se transformer pour surmonter la contradiction.

Comment faire accepter la discipline des rationalisations et des investissements ? Comment surtout maintenir entre les unités autonomes les communications efficaces, les échanges fructueux de personnes et d'expériences, la fertilisation croisée, les chances de développement qui sont l'avantage de la grande organisation ? La réflexion sur les principes de simplicité et d'autonomie amène nécessairement à s'interroger sur le gouvernement des hommes.

LE GOUVERNEMENT PAR LA CULTURE

Le problème que pose aux organisations l'évolution accélérée de nos sociétés dépasse le management classique. Il ne concerne pas seulement les structures ou l'autonomie des agents : c'est un problème de gouvernement. Certes le terme de management pourrait suffire. Mais il s'est considérablement dévalué du fait des illusions du management scientifique. Il faut désormais retourner la formule célèbre de Taylor, « du gouvernement des hommes à l'administration des choses » : nous devons maintenant revenir au gouvernement des hommes. Naturellement, le sens des mots a changé avec le contexte. Ce que Taylor attaquait en réclamant l'administration des choses, c'était le gouvernement hiérarchique, routinier, traditionnel. Sur ce point son effort avait été partiellement vain, car le management scientifique s'était finalement accommodé du maintien et même du renforcement d'une hiérarchie, moins arbitraire certes, mais plus inaccessible. Revenir au gouvernement des hommes, c'est désormais élaborer la forme de gouvernement non hiérarchique, ou plutôt beaucoup moins hiérarchique, qui permet d'échapper aux pesanteurs réglementaires de l'ordre bureaucratique.

Nous l'avons vu, on ne peut plus répondre à la complexité que par des structures simples, composées d'hommes organisés en unités opérationnelles autonomes. Or de tels ensembles ne peuvent être gouvernés par les hiérarchies bureaucratiques, avec des règles et des ordres. Bien plus, si on aborde le problème par l'autre bout, celui des hommes eux-mêmes, on s'aperçoit que les membres d'une organisation supportent de moins en moins les règles et les ordres de la hiérarchie. L'évolution irrésistible vers la liberté de choix dans tous les domaines entretient, avec l'individualisme croissant, une demande et une possibilité d'autonomie personnelle. Le temps des adjudants est passé. Non seulement les subordonnés n'acceptent plus l'autorité, mais les supérieurs eux-mêmes sont de moins en moins capables de l'assumer — au moment même où l'on aurait besoin de plus de discipline pour répondre à la complexité des demandes de l'environnement.

Si l'on ne peut plus gouverner par les règles et par les ordres, on est conduit à réexaminer les mobiles des comportements humains ; plus précisément, la façon dont on réussit à obtenir les convergences et coordinations indispensables à une coopération efficace. C'est la perception de ces difficultés qui explique l'enthousiasme pour le management participatif ; de même, l'intérêt passionné porté par certains aux cercles de qualité et au modèle japonais ; plus généralement encore, le succès des concepts rajeunis de « culture », et de « valeurs », et des formules comme les projets d'entreprise.

On pourrait penser qu'il s'agit, comme dans tous les

phénomènes de mode, d'un retour à une phase antérieure du cycle, celui des relations humaines et de la psycho-sociologie. C'est certainement en partie le cas. Mais cette fois, un nouveau pas a été franchi dans la mesure où l'on envisage vraiment le problème du gouvernement.

Dans la perspective précédente, dominée par les contraintes managériales, il s'agissait toujours, en fait, d'obtenir la meilleure adaptation du système humain aux décisions prises rationnellement à partir d'autres prémisses. Les mobiles du comportement humain étaient recherchés surtout dans les phénomènes affectifs. Ce qu'on cherchait à atteindre, c'étaient les ressorts de cette affectivité, pour l'orienter dans le sens du bien commun défini par les spécialistes du rationnel. Dans la vision qui commence à émerger, la rationalité ne sera plus limitée aux ingénieurs ni l'affectivité aux ouvriers : on va rechercher de plus en plus le mobile du comportement des subordonnés dans le calcul rationnel, stratégique, qu'ils peuvent faire. Le groupe ne sera plus considéré comme un groupe de résistance ou de collaboration se déterminant en fonction de son affectivité, mais comme une unité diversifiée dont les membres cherchent à maximiser leurs avantages en fonction de la logique du jeu dans lequel ils sont ensemble engagés, et dont ils vont observer les règles. Le rôle le plus déterminant du management n'est pas de donner des ordres impératifs et d'imposer des règles universelles, mais d'organiser les tâches, les relations internes et externes qui définissent le jeu, et de soutenir les règles coutumières qui le rendent possible.

Cette compréhension nouvelle émerge petit à petit. Elle a du mal encore à s'affirmer, dans la mesure où les volontés normatives entraînent à répondre trop vite au problème sans en avoir une connaissance en profondeur suffisante. Trois voies semblent actuellement ouvertes dans cette direction, qui commencent à nous faire avancer, mais comportent de nouveaux risques du fait même de leur volontarisme : le management participatif, le projet d'entreprise et les cercles de qualité.

- Le *management participatif* est la voie la plus ancienne et la plus universelle. Si je l'examine du point de vue de la formule de gouvernement, elle s'applique essentiellement au groupe opérationnel de base dont le chef doit devenir un véritable animateur, au lieu de commander à partir de son bureau. Il doit être capable de faire confiance aux subordonnés, de les aider, de faciliter leurs tâches et de leur permettre, à travers ces tâches, d'affirmer leur personnalité. C'est ainsi qu'il réussira à mobiliser des ressources qui jusqu'alors échappaient à la bureaucratie.

  La limite du management participatif, c'est l'existence d'un système de relations relativement autonome, aussi bien à l'intérieur de l'unité opérationnelle que dans les rapports avec les autres unités et la hiérarchie. Ce système, ou plutôt ces systèmes, définissent des contraintes qui souvent conditionnent les choix rationnels du responsable et l'empêchent d'être sincère dans son comportement participatif.

- La seconde voie est celle du *projet d'entreprise*. Elle se développe à partir d'une réflexion sur les valeurs. Considérant que les comportements sont conditionnés par les valeurs auxquelles les gens souscrivent, on va essayer de les rassembler autour des valeurs communes. Celles-ci vont constituer la culture de base qui se substituera, au moins partiellement, aux règles et aux ordres contraignants.

  C'est l'objet essentiel du projet d'entreprise ; ce dernier constitue un effort de mobilisation des personnes autour d'une charte qui définit, avec les valeurs communes, les règles d'appartenance au groupe. L'idée de projet d'entreprise est séduisante dans la mesure où elle est à la fois volontariste et participative.

Il s'agit bien de mobiliser les ressources humaines en faisant appel à la liberté des subordonnés. Mais, en même temps, les patrons et chefs d'entreprise retrouvent, avec un rôle de guide spirituel, la capacité managériale activiste à laquelle ils sont habitués.

Le risque, c'est que, même si on réussit, il existe une distance considérable entre les valeurs officielles, fussent-elles très sincèrement professées, et les valeurs plus profondes qui gouvernent réellement les comportements, de façon souvent inconsciente. Or le projet ne touche réellement que les valeurs officielles. Il peut certes avoir une influence sur les valeurs profondes, mais c'est une influence très indirecte et qu'on ne peut diriger que si l'on a une compréhension plus aiguë des jeux réellement vécus par les participants.

- Les *cercles de qualité* offrent une formule plus étroite et plus limitée mais dont l'impact peut être, dans certaines conditions au moins, plus profond. Ils ont en effet deux vertus dont leurs protagonistes ne sont pas toujours conscients, et qui les distinguent beaucoup plus radicalement des pratiques de relations humaines traditionnelles. D'une part, ils s'adressent directement au conscient et au rationnel, et non pas à l'affectif. Il s'agit pour les participants d'utiliser leur intelligence et leur imagination pour réaliser quelque chose qui sera jugé, et qu'ils jugeront eux-mêmes, avec des critères utilitaires. D'autre part, en innovant, en remettant en question des pratiques anciennes, ils délivrent un message à la direction et à la hiérarchie. Ce court-circuitage des procédures formelles, contribue sinon à les simplifier, du moins à faire réfléchir sur leur utilité et leurs limites. Au second degré, il oblige donc à une écoute différente du système humain. Dans toutes les entreprises que j'ai pu examiner, où les cercles de qualité semblaient avoir réussi, j'ai toujours été frappé par la réaction première des dirigeants : ils se déclaraient unanimement très surpris de tout ce qu'ils avaient pu apprendre de nouveau sur le fonctionnement de leur entreprise et les capacités de leur personnel.

La réflexion sur ce qu'est la culture d'une entreprise est finalement la plus centrale intellectuellement et la plus décisive dans la pratique. Mais cette réflexion n'a de sens que si elle porte prioritairement non pas sur ce que devrait être la bonne culture adaptée aux objectifs de l'entreprise, mais sur la culture actuelle de l'entreprise telle qu'elle est réellement, ici et maintenant.

Une telle réflexion demande d'abord une écoute attentive. Les cercles de qualité constituent une voie d'accès intéressante, parce qu'ils forcent à pratiquer cette écoute. Mais il existe d'autres voies, les enquêtes en profondeur, non plus sur les opinions superficielles ou même les valeurs rhétoriques partagées par le personnel, mais sur les relations réelles entre les personnes et les groupes ; plus généralement, la formation du personnel dirigeant et du personnel d'encadrement à l'écoute constante des subordonnés ; enfin l'utilisation des réclamations du personnel et des clients, pas seulement pour donner satisfaction aux personnes lésées mais pour mieux comprendre le système qui produit ces incidents.

L'écoute seule permet de connaître les faits au lieu de se satisfaire des explications rapides qui le plus souvent les masquent — et d'analyser des systèmes sans dépendre de schémas *a priori* fondés sur un rationnel technique et économique trop étroit. A partir de ces analyses, enfin, elle fait apparaître des opportunités nouvelles.

Si l'on est capable d'associer les subordonnés à l'analyse du système dont ils font partie, on génère en outre une demande de réforme et une capacité à agir qui peuvent contribuer à lever des obstacles jugés jusqu'alors insurmontables. On croit trop facilement que le consensus est un préalable pour assurer le développement et la rénovation d'une organisation. Et on cherche à le créer en travaillant sur les motivations, c'est-à-dire l'affectivité du personnel. L'expérience montre pourtant qu'on n'obtient guère de résultats convaincants quand on prêche des attitudes et des valeurs consensuelles. Le consensus n'est pas un préalable à l'action, mais au contraire le résultat d'une action. Il s'élabore dans l'action. Un cercle de qualité réussi permet d'élaborer un consensus limité, mais réel et significatif, autour de l'action réussie.

UNE AUTRE VISION DE L'ORGANISATION

L'émergence et l'affirmation de ces trois principes — simplicité, autonomie et culture — est inséparable d'une autre vision de l'organisation, et bien sûr de l'entreprise.

Cette vision se caractérise essentiellement par quatre priorités :

- La ressource humaine est considérée comme une ressource rare, et dans beaucoup de cas comme la ressource la plus rare. Ce sera donc *une ressource structurante* — parfois la principale, voire la seule. L'investissement immatériel dans le développement des hommes par la connaissance, la formation et l'expérience devra prendre de plus en plus de place par rapport à l'investissement matériel, qu'il contribuera éventuellement à structurer.
- *Les rapports entre le social et l'économique sont renversés.* On pense d'ailleurs moins *social* qu'*humain* et moins *économique* que *rationnel.* Le modèle de relation entre les deux ordres de connaissance et d'action n'est plus celui d'une séparation complète, prétendant assurer une gestion de l'économique qui ne puisse être entachée d'irrationalité ; le social n'est plus la récompense qu'on obtient après coup de la poursuite

d'une pure rationalité. A l'inverse, on reconnaît qu'il ne peut y avoir de rationnel « pur » et que le meilleur rationnel est celui qui est fondé sur une compréhension, une appréciation et une bonne utilisation des éléments humains qui concourent à sa poursuite.

- Ce renversement entraîne en même temps *une transformation radicale de la conception du social.* La nouvelle vision de l'organisation est fondée sur le passage du social quantitatif au social ou plutôt à l'humain qualitatif. L'homme, ressource rare, est valorisé dans ce qu'il a de spécifique et de qualitatif, c'est-à-dire sa capacité à faire des arbitrages, à prendre des décisions. Il est un contributeur indispensable avant d'être un bénéficiaire.

- Le management reste bien sûr l'art du calcul. Mais il s'agit désormais de *calcul dans des ensembles complexes ouverts, incertains, à paramètres multiples.* Le réductionnisme managérial traditionnel du ROI *(Return On Investment)* est insuffisant pour gérer des réseaux externes, organiser des symbioses comportant des risques mais aussi des bénéfices de parasitage.

Il est fondé en même temps sur une appréhension des phénomènes humains qualitatifs qui vont rendre possible le gouvernement de tels ensembles. Le calcul requiert alors des paris sur les capacités humaines présentes et sur l'apprentissage possible de nouveaux comportements, qui permettront de résoudre les problèmes réputés insolubles avec les moyens actuels.

3

LA TENTATION DU DISCOURS

L'AMBIVALENCE DES PATRONS FRANÇAIS

Si l'on accepte l'idée que l'homme est devenu la ressource rare, le problème prioritaire est désormais de savoir tirer parti de ce qui, étant le plus précieux et le plus délicat, va faire la différence. Comment mobiliser les potentialités qui sont les siennes ? C'est là le grand paradoxe. Autant l'effervescence et parfois l'enthousiasme intellectuel sont grands, autant l'attitude devant l'action paraît timide. Les hommes d'action que nous avons interrogés paraissent à l'aise dans la discussion, mais embarrassés dans l'action. S'ils s'enthousiasment pour des méthodes, des formules et des procédés nouveaux qui leur semblent répondre intellectuellement au problème, ils restent incertains ou même sceptiques sur l'équation fondamentale. Au fond, la majorité d'entre eux ne croient pas vraiment que les hommes de l'entreprise soient prêts à suivre, et leur embarras est visible devant les difficultés de la mise en œuvre.

On peut être surpris de ce contraste et y découvrir une contradiction profonde qui ôte toute crédibilité à la vision du changement que j'ai dégagée. Mais l'analyse sociologique a depuis longtemps montré que les contradictions constituent le tissu même de l'action sociale courante. On ne peut comprendre la réalité sociale et les chances de transformation et de progrès si l'on n'accepte pas l'existence de ces contradictions et si l'on refuse d'en analyser la signification.

J'ai volontairement forcé le trait en dégageant du discours de nos interviewés des principes nouveaux d'organisation. Non pas que j'aie faussé leur témoignage. Mais parce que, dans ce premier temps, j'ai mis l'accent sur la convergence des propos. Une autre lecture visant à catégoriser les attitudes aurait sûrement mis en valeur, au contraire, des divergences et des oppositions. Ce que j'ai dégagé en insistant sur les convergences, non seulement n'a pas été rejeté par mes partenaires, mais a été au contraire utilisé par eux pour aller plus loin dans la réflexion et la discussion.

Il reste que derrière ces aspirations convergentes, qui constituent une réponse potentielle au défi qu'impose le changement du monde, on découvre en même temps, comme un autre discours opposé et parallèle, un ensemble d'inquiétudes et de problèmes à propos desquels nos interviewés se sentent prisonniers des pesanteurs sociales.

L'adhésion intellectuelle, bien sûr, ne suffit jamais à entraîner un changement pratique. Le divorce entre la vision utopique et une pratique dominée par les contraintes est de tous les temps et de tous les milieux. Il est peut-être plus en évidence dans les pays latins et, notamment, en France, où la tradition de rhétorique est plus forte. Mais on le retrouve tout aussi bien aux États-Unis et au Japon. L'enseignement des meilleures *business schools* n'y échappe pas.

Face à cette difficulté fondamentale, on peut incriminer aussi bien les faits, la résistance de la pâte humaine, que la démarche des responsables qui ne sont pas prêts à s'engager suffisamment dans l'innovation.

Comme le dit un de mes interviewés, François Guiraud, devenu par la suite président de l'Institut de l'Entreprise : « Il faut faire passer ces conceptions du cerveau gauche qui commande les perceptions intellectuelles au cerveau droit qui commande les émotions. » Le même nous dit d'autre part : « Nous ne savons pas y passer assez de temps. »

Nous sommes, ici encore, face à une relation entre des personnes et un milieu. Ce sont ces résistances et la part qu'y prennent les patrons et les managers qu'il faut analyser pour comprendre quelle est leur véritable responsabilité. C'est ainsi qu'on pourra commencer à dégager les voies de cet apprentissage émotionnel que réclame François Guiraud.

Les résultats des enquêtes que nous avons menées à partir de ce point de départ vont nous permettre d'avancer dans cette réflexion. Dès les premiers entretiens à partir de l'analyse, des incertitudes se sont manifestées. Elles tournent autour de deux problèmes principaux : la conception de la culture et le rôle des cadres dans une organisation. Mais elles se traduisent par un phénomène bloquant : la perte du principe de réalité.

UNE VISION TROP VOLONTARISTE DE LA CULTURE

Toutes les difficultés qui apparaissent quand on veut mettre en application de nouveaux principes d'organisation tiennent aux habitudes, aux coutumes et finalement aux règles du jeu social. Elles sont donc, à un certain degré, des phénomènes de culture.

Prenons le principe de simplicité. L'idée de structure simple, la volonté de réduire drastiquement le nombre d'échelons hiérarchiques, sont des idées séduisantes parce que d'une grande force logique. Mais si l'on voulait les mettre en œuvre dans leur simplicité mécanique, on n'aboutirait qu'à la confusion. Simplicité ne veut pas dire simplisme. De nombreux patrons se sentent ainsi confortés dans leur activisme à courte vue par la nouvelle mode du *Prix de l'Excellence*. On ne répond pas à la complexité par le simplisme, mais par un effort de réduction qui demande beaucoup de connaissance, d'intelligence et de soin dans le détail de l'exécution, pour aboutir à une simplicité efficace[1]. Cet effort va reposer sur les hommes. La difficulté sera de transformer la culture qui les soutient et les limite.

Il en est de même pour le principe d'autonomie. Dans la culture dominante des organisations françaises actuelles, tout effort vers plus d'autonomie court le risque de relancer les féodalités locales et d'échouer très vite. Comment assurer les communications, les échanges, les convergences si on se refuse à utiliser règles, ordres hiérarchiques et contrôles ? C'est la culture commune qui seule peut se substituer aux contraintes dont on veut alléger le poids.

Mais qu'est-ce qu'une culture d'entreprise ? La vision qu'en ont naturellement les chefs d'entreprise est volontariste et généralement trop simple. Reprenant sans s'en rendre compte le paternalisme d'autrefois, ils pensent la culture, au fond, comme un ensemble de valeurs communes qui rassemblent le personnel autour de son chef. Le patron croit avoir la responsabilité, c'est-à-dire le pouvoir et le droit de façonner la culture du groupe humain dont il a la charge.

Certes, la plupart de nos interviewés seraient choqués par une telle description de leurs réactions et aspirations.

1. On verra, dans le chapitre 6, un exemple de modernisation des rapports humains et de simplification des structures qui a conduit à créer, non pas un échelon hiérarchique de plus dans l'atelier, mais un poste d'assistance et d'animation supplémentaire.

Pourtant, quand on lit attentivement leurs propos, on sent bien que l'activisme qui leur est naturel se traduit dans ce domaine par un désir d'animation et de résultats qui va susciter les mêmes risques que ceux du paternalisme. Or, si le paternalisme a échoué, ce n'est pas faute de bonne volonté et de bons sentiments, c'est parce qu'il constituait une intrusion difficile à supporter dans la vie des subordonnés. Tout effort trop volontariste de créer une culture favorable à l'entreprise tend à menacer ce que les employés considèrent comme leur bien le plus précieux — leur indépendance et leur dignité personnelle. Il suscite inévitablement des réactions de rejet. La susceptibilité des Français est particulièrement vive dans cette matière. On pourrait presque dire que c'est justement parce que les Français ont une grande tradition d'attention aux relations humaines et à la morale de la personne qu'ils sont plus particulièrement sensibles à ce qui sera vite, même à tort, considéré comme une agression.

Les patrons modernistes croyaient trop facilement pouvoir répondre à ces craintes avec les méthodes de concertation employées pour définir un projet d'entreprise. Il y a souvent beaucoup de bonnes choses dans ces discussions autour des valeurs à promouvoir. On assiste parfois à des réussites, ou en tout cas, pour un temps, à des progrès sensibles. Il reste que, généralement, on n'a pas conscience de ce qui est réellement en jeu et des réactions que l'on peut imprudemment déchaîner.

La culture d'une entreprise, elle non plus, ne se change pas par décret, d'en haut. Mais elle ne peut se changer davantage par concertation, ni même par vote unanime d'une assemblée. Car des individus ne peuvent pas se forcer, par un *vote collectif* majoritaire ou même unanime, à changer leurs comportements individuels.

Pour comprendre le problème, il faut revenir — on voudra bien me pardonner cette référence sociologique — à la distinction capitale introduite par Chris Argyris et Donald Schon[2] entre les valeurs professées *(espoused theory)* et les valeurs pratiquées *(theory in use)*. Argyris et Schon parlent de « théorie » parce qu'ils croient pouvoir montrer que ce que nous appelons « valeurs » (et qui constitue collectivement une culture) correspond en fait à un modèle théorique du comportement humain. Quand nous restons dans le domaine de la théorie et des valeurs officielles démocratiques, nous nous référons à un modèle théorique de l'action collective selon lequel la confiance entraîne la confiance. Une personne à qui on fait confiance travaillera mieux qu'une personne à qui on ne fait pas confiance. Mais cela ne nous empêche pas, en pratique, de nous comporter comme s'il était indispensable de contrôler de près les subordonnés, parce qu'il n'est pas possible de faire confiance à des gens qui, inévitablement, en profiteront.

Seule, bien sûr, la théorie en usage dans la pratique (les valeurs vécues) est importante, car c'est elle qui commande le comportement des gens. La théorie à laquelle on adhère (les valeurs professées) peut certes avoir son importance, parce qu'elle peut à terme, influencer les valeurs pratiques vécues. Mais la relation n'est pas le moins du monde assurée.

En fait, les valeurs pratiquées dépendent du système de relations humaines à l'intérieur duquel les gens agissent. Ce système définit des règles du jeu, et tend à récompenser certains comportements et à en pénaliser d'autres selon la nature même du jeu qu'il a fait émerger. Les attentes réciproques des divers partenaires le renforcent, de sorte que tout effort pour agir différemment, soit n'est pas perçu, soit est rejeté et pénalisé. Les divers acteurs peuvent se plaindre, rêver d'un autre jeu, ils restent prisonniers du jeu actuel.

Les valeurs théoriques qu'on leur présente, valeurs de

2. Chris Argyris et Donald Schon, *Organizational Learning : A Theory of Action Perspectives*, Addison-Wesley Publshing Co, Reading, Mass., 1978.

révolte ou valeurs d'harmonie, les séduisent souvent, mais pendant longtemps elles n'ont aucune importance, sauf de leur offrir la possibilité de se faire plaisir.

Si l'on veut changer la culture, il faut changer le système qui la génère et la renforce à partir des traditions et des habitudes. Pour rendre possible des pratiques différentes, il faut créer les conditions nécessaires pour qu'un jeu différent puisse émerger. Il faut en même temps aider les personnes concernées à en tirer parti. Mais pour y parvenir, il faut d'abord connaître le jeu actuel. C'est seulement, en effet, à partir de la culture telle qu'elle est que l'on pourra progresser. Or cette culture, on la connaît généralement très mal.

La grande distinction que l'on peut faire dans les entretiens que nous ont accordés les patrons et les managers, c'est entre l'écoute de la culture telle qu'elle est et l'orientation vers la culture à créer, la culture telle qu'elle devrait être. Certes les deux orientations sont souvent mêlées chez la même personne. Mais il reste que pour le moment une forte majorité de patrons et de managers modernistes sont d'esprit volontariste.

Ceux qui donnent la priorité à l'écoute sont encore très minoritaires. C'est d'ailleurs généralement à l'occasion d'expériences réussies de cercles de qualité qu'ils ont découvert que leur entreprise était, de ce point de vue, beaucoup plus riche qu'ils ne le croyaient.

L'écoute est d'autant plus nécessaire et importante que, dans de nombreux cas, on s'aperçoit que la culture a déjà beaucoup changé et qu'elle peut être très porteuse. Il est souvent, dans un premier temps, plus utile de la révéler et de la conforter que d'essayer de la transformer en lui imposant un modèle préfabriqué. En outre, toute analyse approfondie fait apparaître des potentialités qu'on serait incapable de prédire. En s'appuyant sur elles, on pourrait avancer beaucoup plus vite.

L'approche volontariste, au contraire, a beau satisfaire l'esprit au début parce qu'elle est tendue vers l'action, elle se révèle très vite difficile car elle bute constamment sur les obstacles que suscite inéluctablement la mauvaise volonté des subordonnés.

C'est ce qui explique la timidité et l'embarras relatifs que nous constatons dans les entretiens, en si grand contraste avec l'enthousiasme intellectuel. Mais c'est ce qui explique aussi la recherche naturelle d'un bouc émissaire qui puisse être tenu pour responsable de l'échec.

Ce bouc émissaire, ce sont de plus en plus les cadres qui en remplissent le rôle. Si les hommes ne suivent pas, ou si peu, ou si mal, c'est, disent les patrons, de la faute des cadres qui, au lieu d'être les relais du message patronal, sont en fait des écrans qui l'empêchent de passer.

LES CADRES COMME OBSTACLE AU CHANGEMENT

Quand on lit l'ensemble des entretiens que nous ont accordés chefs d'entreprise et consultants, on est frappé de la grande place qu'y tiennent les cadres. Tout le monde nous en parle très facilement et abondamment. Mais on en parle le plus souvent comme s'il s'agissait d'un problème. On s'enthousiasme rarement pour ce qu'on pourrait accomplir ou qu'on accomplit dès maintenant avec eux. On les voit comme des freins ou des obstacles à la modernisation et c'est autour d'eux, semble-t-il, que se cristallisent la plupart des difficultés de l'organisation. Certes nos interviewés comprennent certaines des difficultés que rencontrent ces subordonnés indispensables, et ils sont rarement agressifs à leur égard. Mais on a tout de même l'impression qu'ils assument pour eux le rôle ingrat de bouc émissaire.

Il n'en a pas toujours été ainsi. Lorsqu'on étudie les obstacles que les chefs d'entreprise ont dénoncés dans leurs plaidoyers pour la modernisation des entreprises, les cadres ne sont apparus que depuis quelques années. Dans les années 60, c'étaient des petits chefs que se plaignaient les patrons.

Si l'on examine les réalités derrière ces réactions et ces modes, on découvre de vrais problèmes. L'image du petit chef « épouvantail », faisant régner un autoritarisme tatillon malgré les efforts de libéralisation menés par ses supérieurs, ne correspondait certainement plus à la réalité. Elle était en revanche un alibi inconscient commode pour rejeter sur des subordonnés éloignés et souvent méprisés les difficultés d'un changement qu'on se contentait d'ordonner de haut.

L'explosion de mai 68 a ruiné l'autoritarisme des petits chefs, mettant à découvert les cadres qui se sont alors interrogés sur leur rôle et le sens de leur mission. Au début des années 70, le malaise des cadres était devenu le thème à la mode de tous les magazines.

Ce n'étaient toutefois pas les cadres qui étaient tenus alors pour responsables du blocage des entreprises, mais les syndicats et l'État. Là encore, il y avait à la fois vrai problème et alibi commode. La montée passionnelle des critiques et revendications syndicales dans l'entreprise est désormais en grande partie oubliée. Elle fut pourtant, aux temps romantiques de l'autogestion, d'une vivacité difficile à imaginer aujourd'hui. La réalité de l'entreprise ne suivait certes pas du tout la rhétorique syndicale relayée par les médias. Mais on conçoit que les patrons se soient sentis en situation d'infériorité morale et intellectuelle.

L'exagération extrême de la rhétorique syndicale devait conduire naturellement à son épuisement et à un renversement de conjoncture, libérant les patrons de leurs craintes. Il en a été de même pour la menace que faisait peser l'État dirigiste et socialisant. L'échec des socialistes à gouverner l'économie, leur redécouverte de l'entreprise ont joué comme une véritable *catharsis*. Les menaces de l'État dirigiste devaient être exorcisées par les plus dirigistes de tous les hommes politiques, les socialistes. La situation se retournait enfin à partir du moment où même les socialistes acceptaient le rôle prioritaire de l'entreprise.

Ce qui est particulièrement frappant dans les entretiens que nous avons eus au cours de cette enquête, c'est effectivement que ni les contraintes que font peser les syndicats ni celles qu'exerce « l'État envahissant » sur la liberté d'action des chefs d'entreprise n'ont été évoquées spontanément. Nos interviewés se sentaient pleinement responsables des formes d'organisation qu'ils estimaient devoir donner à leurs entreprises. Une telle réaction eût été impensable il y a seulement quelques années. Elle est caractéristique d'une véritable mutation intellectuelle.

Le problème fondamental désormais est celui du rôle des cadres dans le changement. Les cadres sont considérés facilement comme un groupe par essence conservateur. Le cercle devient, dans ces conditions, difficile à briser. Pour changer l'organisation, il faut transformer les cadres. Mais pour transformer les cadres, il faut changer l'organisation.

Les interviewés les plus indulgents, sensibles aux difficultés de leurs collaborateurs, reprennent le cliché si répandu il y a une douzaine d'années du malaise des cadres. On parle toutefois davantage de démotivation que de malaise. La vision est devenue sociale beaucoup plus qu'existentielle : « D'une manière générale, nous dit par exemple l'un d'eux, je crois que les cadres travaillent beaucoup dans l'entreprise pour pas assez d'argent en fin de compte, et pour une vie qui n'est peut-être pas suffisamment agréable. La démotivation pour moi vient de là. On ne peut pas empêcher une partie de l'encadrement de penser qu'on en fait trop pour le bas de la hiérarchie, et je vois ces choses-là mal évoluer. »

La difficulté la plus grande à raisonner sur les cadres que l'on ressent chez nos interviewés vient de ce que les cadres sont à la fois problème et solution. Problème parce que, tels qu'ils sont actuellement, ils constituent un frein aux changements que l'on voudrait introduire. Solution parce que c'est en même temps ce changement qui permettrait de les remobiliser.

Deux questions difficiles, sinon impossibles à résoudre, semblent primordiales : la réduction indispensable du nombre des échelons hiérarchiques et le changement d'orientation de la mission du cadre, de donneur et de transmetteur d'ordres à animateur.

La réduction du nombre des échelons hiérarchiques apparaît actuellement comme un mouvement universel, dont on sent la nécessité aussi bien aux États-Unis qu'en France. L'exemple japonais et l'exemple suédois sont souvent cités.

Joe Bower, un des leaders de la Harvard Business School, nous résume ainsi la doctrine : « La prochaine étape, c'est ce que j'appelle la décentralisation mécanique : un moindre nombre d'échelons successif. C'est le seul moyen d'avoir réellement des résultats. » Michael Maccoby[3] lui fait écho : « La tendance actuelle est de se débarrasser le plus possible de ces écrans ou de ces filtres. Une poussée venue d'en haut, une poussée d'en bas, ça va permettre un enrichissement vertical. » Richard Normann, célèbre consultant suédois qui a suivi les progrès d'entreprises comme Volvo, Scania ou SAS, nous dit : « Une chose émerge maintenant aux États-Unis aussi, la réduction du nombre des niveaux dans une organisation. Par exemple, dans une société d'assurances, entre le PDG et l'employé il y avait onze niveaux : on vient de passer à six niveaux, à effectifs constants. »

Tout le monde semble d'accord maintenant pour dire qu'il y a une relation forte entre le nombre des niveaux hiérarchiques d'une organisation et ses capacités d'adaptation. Plus c'est court, mieux et plus vite ça s'adapte.

3. *Le Joueur : le manager d'aujourd'hui*, InterÉditions, Paris, 1980.

Mais que faire des cadres en surnombre ? Comment traiter le problème des réductions d'emploi, des reconversions et des requalifications ? C'est sur cette difficulté que nos interviewés achoppent. Bien sûr, comme le dit l'un d'eux, « Il y a beaucoup trop de cadres en France si on s'en tient à la définition administrative du mot. Mais si, par contre, on pouvait considérer les cadres comme des porteurs de potentialités de développement, comme des ressources en compétences, en possibilités de diversification, on n'en trouverait certainement pas assez. »

Mais cette vision apparaît généralement utopique. Dans la perspective dominante, un cadre est vu comme chef, comme responsable de subordonnés. S'il y a moins de postes de chefs, il doit y avoir moins de cadres et aussi, bien sûr, moins de possibilités de promotion. Comme le mode de gouvernement du personnel d'encadrement repose encore essentiellement sur la gestion de la carrière et les promotions, on conçoit que les responsables soient hésitants. C'est tout le système social de l'entreprise qui est ainsi mis en cause.

La transformation du rôle des cadres est profondément liée à cette réduction du nombre des échelons. Si les fonctions des cadres se diversifient, si leur mission centrale devient celle d'animateur et non plus de chef hiérarchique, on aura besoin d'un plus grand nombre de spécialistes de haut niveau, capables d'apporter les compétences les plus spécialisées et de faciliter la coopération, les échanges, la formation et le développement de tous les opérationnels.

Mais cela demande une véritable révolution dans les mentalités, et les patrons français sont relativement sceptiques sur la capacité des cadres actuels à l'accepter. Pour eux, les cadres sont trop attachés à leur statut et à leurs prérogatives. Ils ne savent pas ou ne veulent pas faire participer leurs subordonnés. Ils regardent toujours vers le haut, pas assez vers le bas. Ils ne sont pas mobiles.

LA STRATIFICATION FRANÇAISE TRADITIONNELLE EST-ELLE EN QUESTION?

L'évolution qui se dessine à travers les entretiens qui nous ont été accordés est claire. On abandonne les prétextes et les alibis, on s'approche enfin du cœur du problème : l'organisation interne de l'entreprise. Quand on se met à réfléchir sur l'encadrement, en effet, on se sent soi-même en question dans sa responsabilité managériale.

Mais, en même temps qu'on commence à poser le problème, on ne l'attaque pas vraiment. On ne fait plus de son existence une excuse ou un alibi, mais on n'essaye pas de comprendre comment et pourquoi il se développe. Et comme on n'en analyse pas la réalité, on est incapable d'élaborer une stratégie pour le résoudre. Et on se trouve désarmé devant les contradictions d'un système d'organisation dont on sent pourtant à quel point il est périmé.

Si le problème est si difficile à traiter, c'est qu'il présente au fond deux dimensions complexes, très différentes mais intimement mêlées. La première concerne l'organisation interne de l'entreprise, la seconde est politique et sociale, et intéresse la société française tout entière.

Simplifier l'organisation interne signifie s'attaquer au système intermédiaire. Quand on l'examine dans une perspective traditionnelle de mécanique rationnelle, c'est un ensemble d'échelons qu'on peut augmenter ou supprimer à loisir. C'est en même temps des flux que l'on peut intensifier, laisser passer ou arrêter. Mais en fait, derrière ces métaphores d'échelons et de flux, il y a des êtres humains, les cadres, et des ensembles de relations interdépendantes. On ne change pas des êtres humains, et pas davantage les rapports qu'ils ont entre eux, à volonté. Déjà actuellement, les enquêtes le prouvent, les rapports réels que les membres d'un ensemble managérial entretiennent entre eux ne correspondent que très imparfaitement au modèle idéal tel qu'il est représenté dans l'organigramme officiel.

La vision nouvelle d'une entreprise allégée, dont les managers sont formés à un commandement « ouvert », et dans laquelle coopèrent un état-major alerte, vigoureux, mieux informé, et des exécutants plus qualifiés et responsables, est séduisante. Mais cette entreprise n'a plus autant besoin de cadres intermédiaires, et ceux dont elle aura besoin devront être différents. Comment assurer cette considérable conversion ? Comment réduire drastiquement les échelons sans traumatiser des hommes qui sont en même temps indispensables pour la survie de l'entreprise ?

Bien sûr, le rôle qu'on peut proposer aux cadres futurs est beaucoup plus vivant et exaltant, propre à séduire nombre d'entre eux, mais aussi à susciter des craintes. Là encore, tout l'art sera dans l'exécution de cette reconversion. Un immense travail de réflexion, de préparation et de suivi de l'action est indispensable pour y parvenir.

Il est rendu beaucoup plus difficile en France par l'existence de pesanteurs sociologiques particulières. La société française, en effet, a résolu beaucoup de ses problèmes sociaux, et indirectement politiques, en accentuant un modèle de stratification et de centralisation qui préserve l'autorité en la rendant plus impersonnelle, et aussi moins lourde. D'où son insistance sur l'importance du statut qui préserve l'égalité entre les membres d'une même strate, tout en assurant le maintien des rapports hiérarchiques sans lesquels on ne conçoit pas d'action collective.

Le concept de « cadre » a pris de ce fait une importance beaucoup plus grande chez nous que dans les autres pays occidentaux. Les étrangers le remarquent immédiatement, et beaucoup de nos interviewés, qui de plus en plus doivent travailler dans des pays voisins, en sont conscients. Le changement de l'entreprise, son ouverture au monde, doivent s'accompagner nécessairement, à terme, d'un changement social plus large. C'est toute la société qui doit s'ouvrir à des rapports humains plus flous, moins cristallisés dans des positions stratifiées, qui doit accepter de vivre dans un mouvement plus rapide, avec des rapports plus directs, en tolérant une fluidité sociale plus grande, comportant aussi bien descentes que montées dans l'échelle.

Une telle vision paraît idéaliste. Pourrait-elle être acceptée facilement par une société dont les résistances profondes ne sont bien sûr pas testées ? L'histoire nous montre qu'il ne faut jamais forcer celle-ci à aller trop vite. Mais elle ne nous renseigne pas sur le degré d'évolution d'un ensemble humain, plus particulièrement dans une période d'accélération rapide des changements d'attitude et de comportement, comme celle que nous connaissons. L'examen des transformations que nous avons connues en vingt ou trente ans, et qui ont bouleversé des rapports humains que nous jugions immuables, nous invite à réfléchir. Toutes sortes d'indices nous montrent que les individus sont beaucoup plus ouverts au changement qu'on ne le croit, et généralement en avance sur leurs institutions.

Si l'on veut dépasser les jugements *a priori* de prudence ou d'enthousiasme, il est indispensable de faire le point à partir de données empiriques sur la réalité du comportement des cadres actuels et sur leur ouverture possible face à ces nouvelles formes d'organisation dont rêvent leurs patrons.

LA PERTE DU PRINCIPE DE RÉALITÉ

Derrière ces erreurs et difficultés sur la culture et sur les cadres, on relève quelque chose de plus grave : la perte du principe de réalité.

Rien de plus réaliste qu'un patron préoccupé de son

compte d'exploitation, et pourtant rien de plus irréaliste que le même patron engagé dans une discussion intellectuelle sur les valeurs ou sur la dernière mode managériale, parlant de culture ou de mobilisation de son personnel dans un projet d'entreprise avec son gourou favori.

Il ne s'agit pas, comme le croient les sceptiques, de divertissement et de manipulation sans conséquence, mais de raisonnements qui vont conditionner l'action, beaucoup plus que ne le croient ceux qui les lancent. Si la ressource humaine est bien la ressource rare qui désormais prime les autres, c'est de la façon dont on en conçoit l'utilisation que dépend le succès à long terme.

La tentation du discours constitue aujourd'hui le danger essentiel pour le patron français. Comme les hommes politiques , nos patrons croient qu'ils ont agi parce qu'ils ont parlé, et que parce qu'une idée est bonne, c'est-à-dire logique et cohérente, elle passera tout naturellement dans les faits. Au fond d'eux-mêmes, ils rassurent leur propre conscience, estimant que si le changement ne réussit pas, ce sera la faute des autres, notamment des cadres.

Cette tentation du discours, entraînant une perte du principe de réalité, est manifeste, quand on observe certaines méthodes utilisées dans la communication d'entreprise. L'abus des formules sur papier glacé entraîne à terme un rejet général et se révèle non seulement inutile, mais contre-productif. Ce qui manque, nous l'avons dit, c'est l'écoute. Il n'y a pas de communication de haut en bas efficace qui ne soit fondée sur une communication plus riche de bas en haut.

Cette méconnaissance de la réalité des rapports humains dans l'entreprise — de ceux qui sont réellement pertinents pour les intéressés — est tout à fait navrante. Tous les canaux hiérarchiques et syndicaux sont obstrués, et personne n'écoute réellement personne.

Aucune organisation humaine ne peut vivre en dehors

du principe de réalité. Perdre de vue ce principe, c'est perdre aussi le sens et à terme devenir fou. C'est ce que l'on reproche à juste titre à la bureaucratie et à l'hypertrophie administrative. Si l'entreprise, dont le mérite essentiel pour une société est d'incarner le principe de réalité, le perd à son tour, elle est menacée. C'est pourquoi le problème de la connaissance prend désormais une importance cruciale.

4

LA RÉSISTANCE DE LA RÉALITÉ HUMAINE

IL Y A LOIN DU DISCOURS A LA RÉALITÉ

La société française vient de redécouvrir l'entreprise, mais pas nécessairement le réalisme. Le rapport entre le discours et la pratique devient un des problèmes fondamentaux du redéveloppement économique français. Quand on assiste à quelques-unes de ces réunions de groupe auxquelles les patrons aiment participer, on est étonné de découvrir à quel point ils adorent, eux aussi, refaire le monde, et réussissent sincèrement à croire que la réalité va se plier à leur discours. En déclarant leur adhésion intellectuelle aux principes de la délégation, de la décentralisation ou du management participatif, en imposant, pour les mettre en œuvre, l'utilisation des instruments les plus sophistiqués, beaucoup de responsables croient qu'ils ont effectivement changé une réalité humaine dont la résistance après coup leur apparaît irrationnelle.

Notre enquête pour l'Institut de l'Entreprise montrait toutefois déjà une évolution sensible. La plupart des patrons qui avaient bien voulu s'exprimer manifestaient un souci de réalisme nouveau sur les questions de personnel et d'organisation. Ils ne considéraient plus l'attention aux personnes ni comme un devoir moral, une sorte de mécénat, ni comme une assurance contre les grèves et la politique. A les entendre, la mobilisation — ou la valorisation — de la ressource humaine semblait devenir un des éléments majeurs de la stratégie de l'entreprise. Leur raisonnement sur le rapport entre le social et l'économique devenait en l'occurrence plus simple, plus pratique et plus convaincant.

Reste à savoir comment ce discours plus modeste et ce raisonnement plus simple peuvent passer dans la réalité. La difficulté de ce passage n'échappait pas, il est vrai, à nos interlocuteurs. Ils avaient bien conscience des résistances du milieu humain. Mais ils avaient de ces résistances et de leurs causes une appréciation encore trop vague et trop incertaine.

Une des principales conclusions de notre travail fut donc un plaidoyer vigoureux pour que soit engagé cet effort de connaissance sur la résistance au changement et les moyens de la surmonter.

Nous avons proposé de travailler sur le problème des cadres, qui était apparu comme le principal sujet d'embarras. Un groupe de travail fut constitué, quatre grandes entreprises acceptèrent d'ouvrir leurs portes à une enquête sur leurs cadres et de la financer.

Les premiers résultats montrèrent qu'il y avait bien résistance des cadres, mais que les patrons se méprenaient tout à fait sur la nature de cette résistance ; leurs méthodes pour la surmonter étaient de ce fait, pour une large part, inadaptées et même contre-productives. Ces résultats, on s'en doute, n'entraînèrent pas facilement l'adhésion, mais contribuèrent de façon significative à l'évolution du groupe de travail de l'IDEP, et suscitèrent beaucoup d'intérêt de la part des entreprises concernées. Deux d'entre elles nous demandèrent de répéter la même enquête l'année suivante en l'approfondissant. Une troisième se porta volontaire[1].

Les nouveaux résultats obtenus confirmèrent, et bien au-delà, nos premières conclusions. Dans les entreprises étudiées au moins, qui sont il est vrai des entreprises performantes avec un management très actif, les cadres que nous avons pu faire parler longuement, au cours d'entretiens qualitatifs très bien acceptés, ont au fond les mêmes positions intellectuelles que leurs patrons ; ils sont convaincus de la nécessité du changement. Ils sont très favorables au management participatif. Mieux encore, ils déclarent souvent le pratiquer et avoir ainsi beaucoup appris. Et pourtant, cette convergence intellectuelle ne se traduit pas par un accord véritable ou même une bonne entente dans la pratique. L'erreur majeure des chefs d'entreprise dans cette relation, qui doit être considérée comme une relation d'échange, c'est de vouloir prêcher des convertis d'une part, de ne pas leur donner l'impression de les écouter vraiment d'autre part. Au nom même du nouveau management, les cadres reprochent à leurs patrons de ne pas se comporter eux-mêmes de façon participative. Ils rejettent l'effort de communication des patrons, qu'ils trouvent simpliste, essentiellement parce qu'il est unilatéral et qu'il témoigne d'une conception « paternaliste » de la culture d'entreprise. Beaucoup d'entre eux critiquent même les méthodes modernes de management — comme la direction participative par objectifs, qu'ils approuvent dans son principe mais jugent très peu fiable dans son application.

1. Péchiney Cégédur et le groupe Carnaud en 1986 et 1987, le Crédit du Nord et Automobiles Peugeot en 1986, Cimsa-Sintra (groupe Thomson) en 1987.

LES CADRES ONT LES MÊMES CONCEPTIONS ET ASPIRATIONS QUE LES PATRONS

La majorité des chefs d'entreprise considèrent que les cadres sont conservateurs et paralysent un changement dont eux-mêmes voudraient accélérer le rythme. Avant d'examiner le témoignage sur la réalité qu'apportent nos enquêtes, essayons de comprendre pourquoi. Leur raisonnement est très cohérent. Les exécutants, particulièrement ouvriers, doivent logiquement, selon eux, réagir favorablement à cette transformation puisqu'elle est destinée à leur donner plus d'importance. Les cadres, en revanche, vont constituer tout aussi logiquement un groupe humain conservateur : d'une part, en effet, ils tirent leur importance et leur pouvoir de leur rôle d'intermédiaires ; d'autre part, le passage du management bureaucratique au management participatif les force à abandonner leur revendication de compétence exclusive et leur comportement autoritaire. L'idéal moderniste d'une entreprise « maigre » animée par une direction plus étoffée et plus active, disposant de tous les moyens d'information, de connaissance et de contrôle, directement en prise sur un personnel d'exécution plus compétent, plus motivé, jouissant de beaucoup plus d'autonomie et capable d'initiative et de responsabilité, n'accorde plus de place aux cadres traditionnels : la réduction du nombre des échelons hiérarchiques et des services fonctionnels est désormais à l'ordre du jour.

Le sentiment des patrons est donc ambivalent. D'un côté, ils compatissent aux problèmes de leurs cadres : ils les jugent facilement surchargés et mal récompensés compte tenu des contraintes de leur statut, alors qu'ils restent indispensables au succès de l'entreprise. Mais de l'autre, ils les voient comme un groupe conservateur. Ils en déduisent que les cadres n'ont pas pris conscience de la nécessité du changement, qu'ils sont hostiles au management participatif et font obstacle à la réduction du nombre des échelons.

Or c'est tout le contraire qui est vrai.

1. *La prise de conscience du changement* tout d'abord. Dans nos deux enquêtes, sur cinq cents entretiens, nous trouvons bien une petite minorité d'interviewés qui manifestent indirectement leurs réticences. Pour ces cadres, le changement va trop vite. Il a été opéré de façon trop brutale, on n'a pas tenu compte de l'ensemble des problèmes. Mais, répétons-le, il ne s'agit que d'une minorité. En outre, même au sein de cette minorité, existe une conscience très forte de la nécessité du changement.

Écoutons les commentaires que nous avons recueillis chez Carnaud : « Il le fallait, on était dans le rouge... » « On n'avait pas le choix... » « C'était nécessaire pour la survie de l'entreprise... » « On a souffert pendant quelques mois, et finalement ça c'est mis en place. »

Même son de cloche à Cégédur : « L'avenir pour nous, je le vois plutôt en rose, ça bouge de manière phénoménale depuis deux ans et demi, et ce n'est pas fini... » « C'est un travail d'équipe, il faut que tout le monde y aille ensemble, que le changement soit mené de front par tous... » « La première étape est de convaincre les gens que le changement leur est bénéfique... Il faut faire partager aux ouvriers notre adhésion au changement... » « C'est un cap difficile à franchir. Pour ça on travaille 60 heures par semaine et souvent plus. Mais on ne s'en plaint pas, c'est notre rôle. »

Chez Peugeot, on est encore plus volontariste : « Je suis mieux dans ma peau. J'ai l'impression que par rapport à avant, le boulot est plus intéressant, on compte davantage. » « La réussite dépend du haut de la pyramide et de son pouvoir de motivation... » « Les cadres eux-mêmes doivent être les artisans du changement... » « Il faut dépouiller le vieil homme, il faut une vision claire et sortir du conformisme. »

On peut résumer de la façon suivante toutes ces réactions : il n'y a aucune opposition intellectuelle au changement, ni aucun attachement sentimental au passé. De ce point de vue, les plus anciens ne sont pas différents des nouveaux. Les différences que nous constatons tiennent essentiellement à la façon dont la direction a imposé le changement, et plus particulièrement au rôle qu'elle a consciemment ou inconsciemment assigné aux cadres dans cet effort. C'est surtout dans la mesure où les cadres ont le sentiment qu'on leur demande d'être des acteurs responsables qu'ils se mobilisent et deviennent même enthousiastes.

Même dans le cas où une direction a commencé par une intervention brutale, comme ce fut le cas en 1986 à Cégédur Rhénalu[2], l'évolution qui a suivi et a permis aux cadres de retrouver un rôle actif a ramené sinon l'enthousiasme, du moins un engagement positif.

Voici des témoignages significatifs tirés des interviews de cette époque : « On a l'impression d'être considérés comme des moyens, à la disposition de gens qui sont très loin de nous... » « Les cadres sont corvéables à merci. On ne les soigne pas assez... » « On avance l'épée dans les reins. On pare toujours au plus urgent et un peu trop tard. On gère le quotidien sans préparer le moyen terme correctement... » « Les plans de développement sont faits sans consultation des responsables. On ne prend pas assez l'avis des gens du terrain. »

Une année plus tard, les réactions sont bien différentes : « Il y a une fierté de travailler dans une boîte qui marche et qui investit. Dans l'usine, c'est ressenti jusqu'à la base... » « Tout le monde se sent bien impliqué, on est sur la bonne voie. A quelques pour cent près on réussit. Mais si ça loupe, ce ne sera la faute ni des hommes en bas, ni celle des machines, mais parce qu'on aura pris la mauvaise stratégie... » « Ça va mieux, à part la qualité. Les gens savent un peu mieux comment ça

2. Notre échantillon pour Cégédur comportait deux sous-échantillons correspondant aux deux principales usines à Neuf-Brisach (Rhénalu) et à Issoire.

tourne. On commence à voir le bout du tunnel, mais il est long... »

2. *Le management participatif:* sur ce point, les commentaires sont unanimes, dans les deux vagues d'enquêtes successives et dans toutes les entreprises. Partout on exprime une adhésion intellectuelle sans réserve, doublée souvent d'un véritable engagement affectif.

Par exemple, chez Carnaud (1986): « Il faut aider les gens à s'épanouir, à arriver au niveau optimum... » « Un chef, c'est celui qui sait le mieux animer, informer... » « Le travail d'équipe est fondamental, il faut travailler avec la maîtrise, sensibiliser les hommes à leur travail, faire participer, informer... » « Je préfère que mes agents de maîtrise prennent eux-mêmes les décisions, c'est plus intéressant. »

Dans le climat plus feutré d'une grande banque, on est souvent moins direct, mais les commentaires sont tout de même convergents. Au Crédit du Nord (1986): « Le cadre doit faire participer, plutôt que de donner simplement des instructions... » « Je n'ai jamais conçu que l'on puisse diriger autrement. Avant, rien n'était expliqué, on estimait que les gens n'étaient pas assez intelligents pour comprendre... » « Je suis un animateur, je discute, je persuade et j'évite le conflit... » « L'animateur, c'est celui qui fait passer le message "tous ensemble". »

A Péchiney Cégédur, on est plus concret. Par exemple, à Issoire, en 1986: « Il y a plus de confiance, plus de responsabilité, plus d'explications. Les gens n'acceptent pas d'être mis au pied du mur... » « On ne dirige plus de la même façon. On recherche l'assentiment de tous. Ce n'est pas qu'il y ait de décision collective, mais c'est une décision concertée... » « Il faut rendre les gens acteurs, leur demander leur avis et en tenir compte. Puis quand ça fonctionne tout seul, le cadre peut se contenter d'animer. Les gens ont compris l'intérêt du nouvel investissement, ils vont même au-delà de ce qu'on espérait. »

A Rhénalu, au moment des plus grandes difficultés de réorganisation, alors qu'on manifestait, nous l'avons vu, une certaine amertume devant la brutalité d'un changement imposé, on était déjà totalement gagné au principe du management participatif : « Bien sûr on est contesté. Plus on donne de pouvoir aux gens, plus on est contesté. Mais de cette contestation naissent des choses positives... » « Au début, j'ai eu très peur. En fait, je me suis rendu compte qu'on me demandait de convaincre, d'expliquer et pas seulement de commander... » « Je ne fais presque plus de technique. Ce que je fais le plus, c'est prendre des décisions relatives à l'organisation de mon service : les équipes, la formation... » « On passe beaucoup de temps à apporter toutes ces informations. Mais ce qui est agréable après, c'est d'avoir affaire à des gens plus compétents. »

Chez Peugeot, on est encore plus enthousiaste et plus affectif : « On ne fait plus appel seulement aux muscles, mais aussi à l'intelligence... » « Enfin, on sort de nos bureaux. Les gens sont prêts à s'impliquer quand il y a un chef qui parle leur langage. » « Si l'on veut être directif, il faut tout connaître, ce qui prend beaucoup de temps. A partir du moment où on décide de faire les choses ensemble, l'application est beaucoup plus facile. »

On peut naturellement minimiser la portée de ces manifestations d'enthousiasme. Mais il ne s'agit pas, pour nos interviewés, de marquer leur docilité ou leur admiration pour la sagesse des dirigeants. Quand ils sont mécontents ou choqués par les décisions du sommet, les mêmes cadres ne ménagent pas leurs critiques. Il semble assez évident, à la lecture de ces extraits d'entretiens, non pas tant que le message du management participatif passe, mais qu'il est repris à leur compte par les cadres qui, en fait, se l'approprient.

On peut bien sûr objecter encore que ces positions sont d'ordre rhétorique et n'expriment pas la réalité des comportements, ce qui est probablement en partie vrai. Il reste que se dégage de tous les commentaires une impression de sérieux et de responsabilité dans l'engagement.

De toute façon, l'idée que le groupe des cadres est sur ce point conservateur et fait opposition au libéralisme des patrons apparaît radicalement fausse. La bonne nouvelle du nouveau management est annoncée sur un terrain favorable. Elle est portée par l'air du temps aussi bien que par la vision patronale. S'il y a problème, et il y a souvent problème, ce n'est pas parce qu'il y aurait opposition sur les principes ou même divergence d'intérêts, c'est essentiellement du fait des difficultés d'exécution, d'une mauvaise préparation, d'une erreur de stratégie ou d'un comportement inadapté de la part des dirigeants.

Ce que l'on reproche principalement aux patrons, c'est de ne pas pratiquer eux-mêmes le management participatif ; d'être trop activistes, trop pressés, d'exiger des résultats concrets quantitatifs ; et de ne pas laisser à leurs cadres la liberté de mettre en œuvre le changement en fonction des contraintes et des opportunités que ceux-ci sont seuls à pouvoir bien apprécier.

Ainsi chez Carnaud, alors que la majorité des cadres se sent à l'aise, nous avons rencontré une forte minorité qui ne ménageait pas ses critiques : « J'ai l'impression de participer à la vie de l'entreprise, mais pas d'être écouté par le haut de la hiérarchie. Il n'y a aucune participation aux projets importants, aucune concertation autour des grands problèmes. Aux réunions de cadres, personne ne parle, la direction nous empêche de débattre. Je ne vois pas de manière de m'exprimer... » « Les demandes d'animation viennent d'en bas. En haut, on demande seulement que ça tourne... » « On n'est pas du tout écouté dès qu'on s'écarte d'une vue à court terme. »

Ces critiques ne sont pas du tout des manifestations d'humeur irrationnelles. Ce qui est en question, ce ne sont pas les relations entre le groupe des cadres et le groupe des dirigeants, mais un système d'organisation complexe difficile à gérer, au sein duquel on a laissé se creuser des failles ou des ruptures. Souvent, il est vrai, on se trouve devant des oppositions de castes, par exemple entre le groupe des cadres supérieurs, qui communiquent avec le sommet, et le groupe des cadres moyens qui, eux, sont tournés vers le bas et se plaignent de ne pas être écoutés. De telles oppositions se retrouvent partout. Mais elles ne sont pas du tout systématiques. Leur présence ou leur absence ne dépendent pas tant des personnes que du modèle de relations de pouvoir et du circuit des décisions.

3. *L'impact des nouvelles méthodes*. Les cercles de qualité suscitent une adhésion de principe presque unanime.

Chez Carnaud : « Ça a fait sortir beaucoup de choses... » « Si c'est leur idée (les ouvriers), ils vont se défoncer... » « Les gens qui travaillent sur l'engin prennent plus de soin. Rien que le fait de se projeter sur un groupe, cela améliore les résultats. »

A Cégédur Issoire : « Je crois que les cercles de qualité peuvent apporter des solutions techniques non négligeables. En plus, cela renforce l'esprit d'équipe et la cohésion dans le groupe. »

A Cégédur Rhénalu : « C'est très motivant pour les gens. Et ça permet aux ouvriers de prendre conscience de l'aspect rentabilité... » « Des tas de combines sont trouvées par les gars, c'est plus valorisant car ça émane d'eux, et c'est une source de productivité et de motivation... » « Ça change des choses dans la manière de commander car le chef est vu différemment. »

Les critiques portent sur la précipitation des responsables, le caractère formaliste et contraignant du modèle qu'ils emploient, le trop grand activisme directorial et l'absence de respect pour les problèmes du terrain, très rarement sur l'objectif ou la méthode elle-même.

« Qu'est-ce qu'on a voulu faire ? De la quantité. On s'est plus préoccupé du nombre de cercles que de la méthode, c'est pourquoi beaucoup de cercles ne marchent pas à l'heure actuelle... » « On nous impose des calendriers rigides, on fait de la surenchère... » « Comme la direction voulait à tout prix qu'ils démarrent, nous, on donnait l'impression de freiner. »

4. *La réduction du nombre des échelons hiérarchiques.* Sur ce point, l'opposition des cadres n'apparaît pas du tout aussi forte qu'on aurait pu le croire. Chez Carnaud, où l'on a effectivement opéré des réductions considérables, une majorité de cadres s'est montrée favorable, d'un point de vue général, au principe de l'opération : « Ça permet d'être en prise directe avec les décisions... » « Ça améliore la communication... » « Parmi les points positifs de ces dernières années, ça a été l'un des plus importants... » « L'ancien Carnaud était une organisation bureaucratique, lente à décider. La simplification des structures a permis d'accélérer les décisions. »

Bien sûr, quelques réserves sont formulées, notamment dans les usines où l'on craint que la suppression de certains échelons de coordination ne pose à terme des problèmes : « Chaque atelier est un fief. Le directeur d'exploitation avait un rôle primordial de coordination entre les différents ateliers et secteurs... » « Depuis que le chef d'exploitation est parti, l'information remonte mal. »

Mais nulle part on n'assiste à la levée de boucliers que beaucoup de patrons prévoyaient.

Si je voulais résumer cet ensemble de réactions des cadres devant le changement éventuel de leur rôle, je dirais que ce qui est en jeu, ce n'est pas l'adhésion aux principes du nouveau management — les cadres semblent désormais plus motivés que leurs patrons — mais le besoin qu'ils ont de s'affirmer. Ils veulent être acteurs, initiateurs, ils prétendent être mieux en mesure que les directions générales de décider des circonstances, du rythme et des modalités de l'effort à accomplir, grâce à leur connaissance du terrain.

Il faut cependant noter un trait à peu près constant : les nouvelles méthodes réussissent mieux dans les activités de production directe que dans la sphère des administratifs et des fonctionnels.

LA STRATÉGIE DE COMMUNICATION DE BEAUCOUP DE CHEFS D'ENTREPRISE EST PARTICULIÈREMENT MAL ADAPTÉE

Les chefs d'entreprise ont de leurs cadres une image conservatrice. Ils pensent donc qu'il est de leur devoir de leur prêcher la bonne parole du progrès social et du dynamisme managérial : ils vont tout naturellement se laisser tenter par les spécialistes qui leur proposent les techniques de communication les plus sophistiquées pour faire passer le message.

On peut parler de stratégie de communication à propos de cet effort. Il y a en effet, dans sa mise en œuvre, une logique forte : on suppose les cadres passifs, restant en arrière de la main devant les progrès possibles et les opportunités à saisir ; on les croit néanmoins accessibles à la persuasion, car ce message est conforme à leur mission profonde ; s'ils manquent de dynamisme, c'est qu'ils se sont laissé endormir dans les facilités de la bureaucratie, qu'ils ont eu la faiblesse de trop s'attacher aux prérogatives associées à leurs fonctions et aux intérêts étroits qu'elles définissent. Il ne faut donc pas seulement les persuader mais les réveiller, les faire revenir à la conscience, comme on devait autrefois « ramener le pécheur à sa conscience de chrétien ». La stratégie qui s'impose sera en conséquence fondée sur les vieilles techniques des réveils, des *revivals*, qui ont permis une nouvelle évangélisation du peuple chrétien aux XVIIIe et XIXe siècles : une doctrine forte qui ne souffre pas de discussion, car elle représente la vérité. Celle-ci doit être exprimée dans un message clair, accompagné d'un martèlement intellectuel, dans un environnement affectif favorable.

Une telle stratégie est vouée à l'échec. Dans la mesure où les cadres veulent avant tout devenir actifs et responsables, non pas pour le bien de l'entreprise mais pour exister et pour s'affirmer, ils vont ressentir comme une atteinte à leur personnalité cette volonté de les rendre actifs sur commande, et pour des buts qu'ils ne peuvent pas discuter. Ils vont refuser l'exhortation, le prêche et même la démonstration intellectuelle, dont ils peuvent éventuellement accepter le contenu mais dont ils ne peuvent admettre la force contraignante.

La gêne des responsables se manifeste dans leur vocabulaire. On voudrait mobiliser le personnel, et au premier chef les cadres, mais comme on a peur de ce langage trop militaire, on parle de les « motiver », sans se rendre compte qu'en fait il est peut-être encore plus dérangeant de motiver les gens, puisque cela signifie qu'on veut intervenir dans leur for intérieur, dans le jardin secret de leur identité. Dans notre société libérale avancée, on ne « motive » pas les gens, pas plus qu'on ne les « mobilise », on leur offre des occasions, des possibilités de *se mobiliser* et on les laisse *se motiver* eux-mêmes. Encore faut-il, pour cela, créer les conditions favorables.

De fait, l'opposition à toute stratégie de communication trop insistante paraît générale. Et d'autant plus forte que cette communication est plus sophistiquée. Paradoxalement, la communication sophistiquée est jugée simpliste, alors que le message simple, qui de l'extérieur serait jugé simpliste, apparaît, lui, comme source de richesse, car il permet aux intéressés de le reprendre vraiment à leur compte et d'en discuter librement.

L'épreuve est particulièrement éclairante dans le cas de Carnaud. Toutes les conditions étaient effectivement réunies pour un succès : une entreprise en déclin, réveillée par un patron extrêmement efficace — il fut capable de la redresser en deux ans —, charismatique et très « médiatique », aussi bien auprès de ses employés que du public ; enfin, un effort de communication sans précédent, très bien programmé et fondé sur une pleine maîtrise des dernières techniques.

Or les réactions des cadres sont en grande majorité défavorables — alors que par ailleurs ils plébiscitent leur Président, qu'ils jugent responsable d'un succès dont ils se sentent fiers.

Voici ce qu'ils nous disent en 1986 : « La communication, ça ne se codifie pas... » « Les belles formules, ça fait sourire... » « C'est du show, du cinéma... » « Il faut éviter de faire de l'endoctrinement... » « Dans l'image de marque, la cravate, le chapeau de l'entreprise, ce n'est pas l'esprit français, à chacun sa culture au sein d'une entreprise. »

Dans la deuxième vague d'enquêtes, les opinions n'ont pas changé ; elles se sont plutôt un peu durcies : « Je n'aime pas les slogans affichés partout, ça a un côté débile que je supporte mal... » « Si on n'a pas compris, on est vraiment bouché. C'est du matraquage ! Il faut aller dans ce sens-là, mais il faut tenir compte des gens en leur expliquant tranquillement... » « Les slogans sont un peu trop du style CGT[3]. »

Ceux qui se placent du côté du patron expliquent que ce n'est pas facile pour lui, mais n'en sont pas moins critiques.

L'analyse des réactions des cadres en fonction de leur situation fonctionnelle et hiérarchique dans l'entreprise apporte des éclairages utiles. Sont systématiquement hostiles au programme de communication ceux qui

3. Suite à nos enquêtes, la direction de Carnaud a entrepris de reconsidérer en profondeur sa politique de communication. On évite désormais les slogans qui risquent de faire « matraquage » et on incite les responsables des neuf grandes unités à développer chez eux une communication plus ouverte.

estiment qu'ils en sont la cible ; sont favorables, ou au moins compréhensifs, ceux qui peuvent se placer du côté de l'émetteur et qui s'identifient avec les communicateurs. Les cadres de conception dans les diverses entités autonomes de l'entreprise et les cadres de direction du centre font éventuellement le constat d'un décalage entre le discours et la réalité, mais ils n'en sont pas irrités dans la mesure où ils ne se sentent pas la cible de cette politique : « Il faut comprendre que le patron a besoin de faire passer une information exagérée, qui n'est pas toujours tout à fait la vérité. Les gens ont du mal à comprendre ces deux langages. »

C'est surtout la masse des autres cadres qui répugne à se reconnaître la cible d'une stratégie de communication trop appuyée. Cette difficulté cruciale se révèle par contraste quand on parle avec les mêmes personnes de la politique de communication à l'extérieur. Sa qualité et sa réussite sont unanimement reconnues. Des formules comme « Vers l'extérieur, la communication est très réussie » sont les commentaires les plus fréquents.

La stratégie, d'ailleurs très peu explicitée, de Peugeot est un contre-exemple tout à fait remarquable. Deux mots seulement ressortent constamment dans tous les entretiens : *coût, qualité ; qualité, coût.* Ces deux mots constituent l'essentiel du message que diffuse le grand patron reconnu, Jacques Calvet : « On adhère aux lignes directrices : coûts, qualité, délais, satisfaction du client. Le consensus sur ces objectifs se fait par une grande persuasion du haut vers le bas. »

Cette stratégie de persuasion est acceptée et apparaît même désirable dans la mesure où elle se contente de définir une orientation générale et laisse les intéressés libres de leurs moyens. Ils peuvent alors se réapproprier le message en innovant eux-mêmes : « C'est très motivant, je suis maître de ma décision et de mes objectifs... » « Je n'ai pas de liberté par rapport aux grands objectifs budgétaires, mais par contre une liberté totale sur les moyens. »

Certains cadres ont même souligné que ces contraintes étaient plutôt « rassurantes », du fait qu'elles indiquaient clairement les priorités : « Les cadres du centre savent qu'il y a au-dessus d'eux un patron qui sait où il va, M. Calvet. Il nous donne des objectifs, ce qui nous permet d'en fixer à notre tour. »

Plus généralement, l'engagement reconnu du patron, le fait que chacun est persuadé qu'il y croit vraiment, a donné au message simple une force considérable. Un tel langage, en effet, apparaît humain et personnel alors que le message sophistiqué, au contraire, semble le produit d'un état-major de technocrates.

LES INSTRUMENTS DE MESURE MANAGÉRIAUX MANQUENT DE FIABILITÉ

Dans les entreprises les plus avancées, le management des hommes est fondé essentiellement sur la mesure de la performance individuelle. Les procédures de DPPO (Direction Participative Par Objectifs) imitées de celles du MBO américain (Management by Objectives), introduites il y a une quinzaine d'années déjà, ont suscité un nouvel engouement avec le renouveau de l'idée d'entreprise. Entretiens annuels, contrats d'objectifs et mesure de la performance apparaissent comme les instruments indispensables de la direction, de l'animation et de la motivation du personnel d'encadrement. Et le problème que se posent généralement les responsables, c'est d'étendre ce modèle de management à la maîtrise et aux exécutants, beaucoup plus que la mise au point de l'instrument lui-même, qui paraît désormais tout à fait rodé. Peu d'attention est donnée à la fiabilité des méthodes que l'on emploie pour mesurer, sinon le mérite, du moins la performance, et surtout à la confiance que les interviewés peuvent avoir dans cette fiabilité.

Or, dans l'esprit non seulement des ouvriers mais des

cadres actuels, ce qui domine, ce ne sont pas les problèmes de principe, mais ceux des conditions et des modalités d'application. Peu de temps avant les grandes grèves de décembre 1986 et janvier 1987, les cheminots interrogés par sondage avaient en majorité approuvé le principe de la récompense au mérite. Un mois plus tard, ils s'engageaient dans une des grèves les plus dures de leur histoire — au nom, apparemment, du refus de ce principe. La grille nouvelle qui leur était proposée leur paraissait scandaleuse, et la place faite au « mérite » leur semblait attentatoire à leurs libertés et à leurs traditions.

Ce que les enquêtes ont montré, c'est que même dans des entreprises modernes et performantes, et même pour les cadres, sans parler des ouvriers et de la maîtrise, la DPPO, si elle est acceptée dans son principe, soulève encore beaucoup de problèmes dans son application. Contrairement aux idées reçues, le modèle pratique n'est pas encore au point.

Sur la philosophie de la DPPO, les commentaires sont unanimement favorables. Voici quelques extraits d'entretiens :

Chez Carnaud : « C'est stimulant, j'y suis favorable, ça fait avancer les gens... » « Je reste persuadé qu'un pourcentage important d'augmentation à titre individuel est préférable à l'augmentation générale. »

A Cégédur-Péchiney : « Il est nécessaire que les objectifs soient quantifiés le plus exactement possible. Ils doivent se situer à notre portée, mais rester cependant motivants... » « C'est un bon moyen pour avancer. Il faut les discuter (les objectifs) pour que ce soient nos propres objectifs et non ceux du haut. »

Au Crédit du Nord : « Il y a eu une évolution très positive : la hiérarchie est courte, on connaît nos interlocuteurs, on est responsable de nos résultats. »

Pour les ingénieurs de Cimsa-Sintra chez Thomson : « Il est bon de fixer clairement des objectifs en accord avec son supérieur... » « Il est bon et sain de s'arrêter deux heures, de faire la pause et de parler avec son supérieur... » « Ça permet de parler de choses qu'on n'aborde pas au quotidien, car il y a toujours d'autres urgences ! »

Chez Peugeot, où il n'y a pas formellement de DPPO, on a néanmoins la même philosophie. Certains ont même souligné qu'il serait souhaitable d'étendre le système, à terme, aux échelons maîtrise et ouvriers : « Je fais de la DPPO à ma façon. On fait un plan annuel avec un suivi mois par mois... » « Il faut impliquer les individus avec des objectifs individuels en rapport avec les objectifs finaux. »

Mais si l'engagement dans la philosophie de la responsabilité et du mérite est très clair et très fort, les conditions et les modalités d'application, en revanche, font problème un peu partout. Les pratiques dominantes sont souvent critiquées.

Tout d'abord, la fiabilité de la mesure de performance : « On risque l'arbitraire. De plus, c'est dur de fixer quoi que ce soit ici... » « Pour que le système marche, on aurait besoin de loyauté de la part des supérieurs. Je n'y crois pas... » « L'évaluation ne tient pas compte des efforts, on ne considère que les résultats. »

Cette gêne est ressentie d'autant plus fortement que beaucoup de cadres ne se sentent pas maîtres des facteurs qui conditionnent la réalisation des objectifs : « On n'est pas maître de tout, on dépend de certaines réalités et on est tributaire des autres... » « C'est difficile à appliquer dans un centre de recherche parce qu'on n'a pas de production régulière ; certains peuvent cogiter pendant des années sans aboutir... » « On peut être compétent : si vous n'avez pas les moyens, vous raterez votre objectif. L'inverse est vrai. L'incompétence ne garantit pas l'échec... » « Les dés sont pipés... » « On m'a renvoyé deux ou trois objectifs flous dont je ne maîtrise pas les paramètres. »

La qualité et la fiabilité de la négociation autour des objectifs est naturellement, pour beaucoup d'interviewés, le test crucial de la DPPO. Certes, des progrès considérables semblent avoir été accomplis. Mais pour beaucoup d'interviewés, ces procédures restent très formelles, quand elles ne sont pas un moyen d'imposer des objectifs trop élevés : « Les objectifs sont fixés unilatéralement. Ils sont déterminés à un niveau hiérarchique trop élevé... » « Il y a plus de dirigisme qu'il y a vingt ans... » « Les objectifs ne sont pas négociables. Les cadres de Direction proposent mais déjà en fonction d'une politique générale. Je ne crois pas qu'on puisse influer. Normalement, on prépare ça ensemble, mais la direction dit : je n'accepte pas, recommencez votre plan. Donc en fait c'est dirigé, il n'y a qu'un semblant de concertation... » « Le problème, c'est qu'on prend des objectifs partiels aux niveaux les plus hauts. On peut être cohérent à chaque instant et incohérent globalement. »

Dans cette perspective, l'insuffisance de la « carotte » est souvent relevée : « On fait remplir des fiches, mais ça sert à quoi... ? » « C'est fait pour encourager les gens mais il n'y a pas de retour... » « On n'a pas la possibilité de récompenser les gens. On a 500 F pour cinq personnes. Si on donne 100 F à chacun, il y a cinq mécontents, mais si on donne 250 F à deux, il y a toujours trois mécontents. »

Mais il y a plus profond peut-être : des contradictions qui se révèlent cruciales dans certaines situations.

Tout d'abord, la contradiction entre le résultat à court terme et l'intérêt de l'entreprise ou du service à moyen et à long terme. En second lieu, l'opposition, plus profondément ressentie dans les ateliers de production, entre l'intérêt individuel et la performance du groupe. Si l'on insiste trop sur la récompense individuelle, qu'on a d'ailleurs beaucoup de mal à mesurer, on risque de détruire la solidarité de groupe qui est essentielle pour la réussite du travail en commun : « On perd de vue les objectifs communs. Chacun ne prend à cœur que son problème... » « Pour le jeune cadre je donnerais un conseil : ne voir que le profit immédiat. Mais c'est dangereux pour l'entreprise... » « Le risque, c'est que chaque chef de stade balance de la non-qualité au stade suivant pour réaliser son objectif. Globalement l'usine y perd... » « Il y a des objectifs contradictoires, donc si les gens travaillent à les atteindre, le résultat n'est pas l'optimum. A tout moment il faut un arbitre. Il faut un garde-fou à la DPPO. »

Vis-à-vis de leurs subordonnés, la première crainte des cadres tient au fait que les individus dépendent les uns des autres pour atteindre les objectifs. Entre l'effort personnel et la performance individuelle, le travail des autres perturbe la relation de cause à effet. On ne veut pas « payer » les erreurs de ceux dont on dépend pour accomplir sa tâche : « Étendre ce système aux compagnons, cela peut être une catastrophe : entraîner des jalousies, briser l'esprit d'équipe... Si cela se fait, il faudra beaucoup de temps et d'explications. »

Mais la principale crainte renvoie à une incompatibilité plus fondamentale. Par exemple, chez Carnaud, alors que la direction du groupe encourage l'esprit d'équipe, et a fait de la devise « Agir ensemble » le titre des journaux du groupe, l'évaluation individuelle pourrait, à l'opposé, encourager la concurrence et nuire à cet esprit d'équipe. Cette appréhension est particulièrement forte dans les usines. La fixation d'objectifs individuels serait incompatible, disent les cadres des sites de production, avec la nécessaire collaboration qu'exigent des activités intégrées ou fortement interdépendantes. Ceux qui expriment cette idée souhaitent aussi que les rémunérations au mérite restent majoritairement un intéressement aux performances globales du site. Le système actuel d'évaluation des agents de maîtrise, qui n'a pas été touché, reste parfaitement homogène et accepté. L'évaluation collective évite les frustrations. Elle renforce, nous dit-on, la volonté de préserver les réseaux de communication informelle, de bonne entente, voire d'amitié.

Les critiques sur l'introduction de la DPPO, en revanche, sont parfois très acerbes et pessimistes, quel que soit cette fois le niveau hiérarchique. L'ensemble des cadres opérationnels de niveau intermédiaire et les agents de maîtrise des ateliers de production se méfient de ses conséquences néfastes sur l'équilibre des usines : « Agir ensemble. Justement. Il le faut en usine, et la DPPO sèmera le trouble entre services... » « On encourage la triche. Les gens deviennent des chiens autour des os. »

Enfin, un problème d'équilibre général se pose. Dans plusieurs entreprises, l'introduction du nouveau système paraît injuste parce qu'il fait des gagnants et des perdants et que les gagnants se retrouvent très majoritairement chez les gestionnaires et chez les commerciaux, alors que les cadres de production sont la plupart du temps du côté des perdants.

Paradoxalement, les directions générales déclarent très souvent vouloir favoriser les *opérationnels*. Or ceux-ci sont en fait beaucoup moins satisfaits, et s'engagent moins dans la DPPO. Comme nous l'avons vu, ils se préoccupent des conséquences que son introduction peut avoir sur le bon fonctionnement des équipes. Les gestionnaires, eux, sont mieux placés : la fonction de cohésion qu'ils assurent devient d'autant plus importante que l'entreprise est plus décentralisée. Quant aux commerciaux, ils sont portés par le très gros effort que l'on a accompli et que l'on continue à développer pour faire reconnaître la primauté du client dans toute l'entreprise, même à la production.

Il reste donc beaucoup à faire pour que ces procédures soient réellement acceptées, et qu'elles aient l'effet pédagogique que l'on en attend. Telles qu'elles fonctionnent à l'heure actuelle, elles trouvent assez vite leurs limites.

Cet effort, désormais indispensable même si l'on veut seulement maintenir ce que l'on a péniblement acquis, doit être considéré comme un investissement. Beaucoup plus que d'instruments de mesure ultra-précis, on a besoin d'instruments différenciés permettant de s'adapter à des situations qui peuvent être extrêmement différentes. Il est nécessaire, d'autre part, de bien repenser, dans la préparation des contrats entre supérieur et subordonnés, non seulement la relation psychologique et la formation qui y répond, mais aussi les degrés de liberté acceptables de chaque côté.

Enfin, les évaluations individuelles doivent être bien distinguées des mesures de performances collectives. Il faut admettre que le second type d'évaluation doit, dans beaucoup de cas, pour le moment au moins, devenir prioritaire, car il peut seul permettre d'élaborer des données acceptables par tous, indispensables pour l'émergence d'un mérite individuel plus fiable.

LE DÉFICIT DE CONNAISSANCE

Quelles leçons générales tirer de ces enquêtes ? Globalement, on peut dire ceci : au sein des entreprises qui s'engagent dans un renouveau du management, donnant plus de place à la ressource humaine, l'accord des cadres est général sur la philosophie du mouvement et son orientation d'ensemble, mais cet accord n'entraîne encore que partiellement la pratique. Celle-ci reste dominée par des soupçons et des malentendus. Les enquêtes mettent en évidence des incompréhensions et des oppositions qui paralysent l'action. Si les cadres ne suivent pas toujours, ce n'est pas dû à leur retard intellectuel, à leur manque de motivation ou à leur psychologie routinière, c'est parce que les conditions ne sont pas réunies pour qu'ils puissent *se mobiliser*.

Comment se fait-il que les chefs d'entreprise et leurs

états-majors, responsables de l'existence ou de l'absence de ces conditions, ne se rendent pas encore bien compte de leur importance ?

Très fondamentalement, à cause d'un déficit de connaissances empiriques sur la réalité des rapports humains au sein de leurs organisations. Les dirigeants sont prisonniers de la philosophie de l'action traditionnelle, qui les empêche de regarder en face cette réalité, et donc de prendre conscience des obstacles qu'elle dresse devant leurs volontés. Cette philosophie a beau être de plus en plus inadéquate dans le monde nouveau post-industriel, elle a l'avantage d'être simple et donne l'illusion qu'on peut se dispenser de l'effort de connaissance.

Ce constat peut paraître surprenant, étant donné les progrès accomplis depuis trente ans en matière de psychologie relationnelle et de psychosociologie, et l'existence d'innombrables sondages qui nous renseignent, jour après jour, sur les détails des opinions de nos contemporains. Mais il s'agit toujours, soit de théories générales abstraites du comportement, soit de la description des opinions ou des attitudes individuelles détachées du contexte qui leur donne leur signification. Or, les individus n'agissent pas dans un contexte indifférencié et uniforme, mais en fonction de rapports avec autrui, dans des ensembles organisés fortement structurés. C'est plus particulièrement le cas dans l'entreprise. Tout le monde l'admet mais peu de responsables, semble-t-il, en tiennent réellement compte. Les théories de l'organisation scientifique du travail ont beau avoir été abandonnées intellectuellement, elles restent sous-jacentes à la logique dominante. On continue à raisonner comme si une seule rationalité pouvait exister, dont une bonne organisation des tâches et des circuits de décision pouvait assurer la mise en œuvre. Certes, on admet que l'adaptation des individus au modèle sera influencée par des problèmes de relations humaines qu'on a le devoir de résoudre. Mais on n'arrive pas à concevoir que l'action humaine au sein d'une entreprise, comme de toute organisation, ne se comprend que dans son contexte de relations d'influence et de pouvoir.

C'est la structuration de ce contexte qui induit les mécanismes, en fait très rationnels, qui conditionnent le succès ou l'échec des efforts de renouveau. Sa connaissance, nécessairement empirique, reste extrêmement limitée. On postule que ce qui devrait se passer selon la logique rationnelle de la définition des fonctions se passe réellement, même si les nombreux ajustements qui ne manquent pas de se produire mettent en échec cette logique ou même la renversent.

D'où les blocages, les ruptures entre échelons et entre fonctions, d'où les jeux plus complexes, mais aussi plus ouverts qu'on ne croit, qui permettent de comprendre les difficultés de la DPPO. Les stratégies de communication sophistiquées sont rejetées, alors que le changement, en apparence beaucoup plus difficile, des méthodes de commandement vers un management participatif réussit, et que les cercles de qualité suscitent immédiatement l'enthousiasme[4].

Le problème peut se cristalliser autour du concept de culture d'entreprise. Dans la perspective actuellement encore dominante, la reconnaissance de ce concept n'entraîne pas du tout l'abandon de la vision rationaliste, finalisée et déductive de l'entreprise. En conséquence, les directions croient qu'elles doivent « commander » une culture, qui sera le soutien et le garant des finalités de l'entreprise. Cette vision volontariste se heurte, plus ou moins rapidement, à la revendication de liberté des individus dans nos sociétés. Elle est donc vouée à l'échec.

Si l'on veut dépasser cette illusion de toute-puissance,

4. Même si, par la suite, ils s'essoufflent la plupart du temps, souvent du fait du manque de soutien et de l'absence de conditions favorables.

il faut accepter de faire les efforts et les investissements nécessaires pour appréhender la complexité, avec patience et dans le respect des faits. Le management nouveau ne peut se développer que s'il dispose de la connaissance : l'écoute d'un personnel qui ne demande qu'à parler peut la lui apporter.

Pour mettre en évidence ce déficit de connaissance, je prendrai, parmi les nombreux cas que nous avons pu étudier, trois exemples particulièrement significatifs d'erreurs managériales.

- *Premier exemple.* Dans un très grand groupe industriel réputé bien géré, et dont les dirigeants ont un grand souci des problèmes humains, les faits suivants sont révélés par une enquête comparant les résultats obtenus dans cinq unités opérationnelles importantes. L'unité que les dirigeants jugent la meilleure et la plus en avance au plan social a réalisé un très gros effort de communication interne et externe. Une semaine « portes ouvertes » bien organisée a particulièrement attiré l'attention de l'état-major du groupe. Or l'enquête, fondée sur une écoute attentive des réactions de l'encadrement et de la maîtrise, fait apparaître les profondes difficultés de cette unité, qui est en fait au bord d'une crise grave ; les relations internes sont de loin les plus tendues de cet échantillon ; il n'est pas possible de savoir si les patrons opérationnels en ont vraiment conscience. La connaissance de cette réalité décisive pour l'avenir ne remonte en tout cas absolument pas jusqu'à la direction générale du groupe[5].

  Tout aussi surprenant, les dirigeants jugent tout à fait défavorable le climat existant dans une autre unité dont ils pensent que les traumatismes qu'elle a subis (la perte de la moitié de son effectif) la rendent peu capable de développement. En fait, cette unité a opéré

5. Deux ans après, la crise éclatera.

un redressement spectaculaire grâce à un excellent management des ressources humaines, fondé sur l'association étroite du personnel à la solution des problèmes rencontrés. C'est celle qui a les meilleures relations internes de l'échantillon.

- *Deuxième exemple.* Au sein d'un ensemble international, le patron français, très engagé dans la philosophie du nouveau management, nous désigne comme sa plus grande réussite la réorganisation d'une usine provinciale récemment rachetée. Les entretiens menés auprès des cadres, de la maîtrise et du personnel ouvrier de cette unité révèlent tout au contraire une situation inhabituellement difficile. Le comportement du directeur est jugé abusivement interventionniste. Les relations avec les petits chefs, dans la mesure où elles sont restées traditionnelles, sont relativement bonnes. Mais maîtrise et personnel remettent en cause la hiérarchie de façon agressive et se plaignent en particulier que les mérites réels des personnes ne soient pas reconnus. Quant aux cadres, ils décrivent un climat pénible et déplorent amèrement de ne jamais être informés. Les pratiques quotidiennes, selon eux, sont totalement opposées au principe de transparence prôné par le siège, et ils en rendent le siège lui-même responsable.
- *Troisième exemple.* Une grande entreprise de services, très performante, qui a connu un fort développement, a décidé de faire un effort considérable pour améliorer les relations humaines au sein de l'encadrement, pour rendre les chefs des petites unités décentralisées beaucoup plus responsables et pour *motiver* le personnel d'exécution dont la bonne volonté est essentielle dans le rapport avec le client. L'enquête, menée dans un échantillon de petites unités, révèle l'existence d'un climat encore assez bon mais que tout l'effort de la direction générale tend au contraire à troubler. Le personnel réagit mal aux objurgations qui lui sont

faites. Il cherche à avoir de bons rapports avec les clients parce que cela lui rend le travail plus facile et plus agréable mais il est, pour le reste, d'autant plus démotivé qu'il ne croit pas que ses efforts seront récompensés. Le chef d'unité, qui dépend de la bonne volonté d'un personnel qui se juge sous-payé, n'a guère de prise sur ce dernier et n'a aucun moyen de se comporter en entrepreneur. La seule justification qu'il peut avoir de son rôle est fondée sur le métier qu'il partage avec ses employés qualifiés. Or cette justification est battue en brèche par l'accent mis désormais sur la gestion. Les cadres supérieurs, trop aspirés par la gestion, ont tendance, eux, à privilégier les contacts avec les dirigeants des entreprises clientes et à perdre le sens de la réalité du service rendu, dont l'appréciation la plus pertinente sera donnée non pas par les dirigeants mais par les usagers.

A partir d'excellents principes et d'un bon raisonnement on arrive donc à une pratique contre-productive. Il est possible, il est vrai, que cette orientation soit plus tard corrigée en fonction des résultats obtenus. Mais ceux-ci mettront beaucoup trop de temps à se manifester. Le risque d'échec est grand. Il est dû principalement au manque de connaissance préalable.

[illegible] s'avère [illegible]
nécessaires que cela [illegible] la [illegible] plus [illegible]
plus accessible, mais il est, pour le reste, [illegible]
[illegible] qu'il ne reste plus que [illegible]
[illegible] Le chef d'entreprise, [illegible]
volonté d'un [illegible] qui [illegible]
[illegible] de [illegible] sur le [illegible]
[illegible]
peut avoir de son côté [illegible] sur le [illegible]
partage avec ses employés qualifiés. [illegible]
[illegible] en [illegible] que [illegible]
la gestion. Les cadres supérieurs, [illegible] par la
gestion, [illegible] de privilégier les [illegible]
[illegible]
[illegible] de la [illegible]
la plus [illegible] pas [illegible]
[illegible] les essayer.

À partir d'[illegible] principes et d'un bon [illegible]
[illegible] d'une [illegible]
est possible, il est vrai, que [illegible]
[illegible]
[illegible] de [illegible]
[illegible]
[illegible] précédent.

5

LES CONDITIONS DE LA RÉUSSITE

LA NÉCESSITÉ D'UNE AUTRE APPROCHE

Comment les entreprises vont-elles réussir leur indispensable révolution culturelle ? Nos premières enquêtes de 1984-1985 avaient bien mis en évidence l'enthousiasme intellectuel de beaucoup de chefs d'entreprise modernistes. Leur espoir semblait devoir rencontrer une forte adhésion de la part d'un large public qui redécouvrait l'entreprise et ses valeurs. Les enquêtes suivantes ont montré, en revanche, les grandes difficultés d'application des nouvelles méthodes, les résistances humaines ayant été ignorées ou sous-estimées.

Au moment où l'air du temps n'est plus aussi favorable à l'entreprise, ces résultats peuvent facilement conduire à une certaine démoralisation. Aussi faut-il insister maintenant sur les progrès accomplis malgré ces résistances, et surtout sur les opportunités nouvelles que leur analyse fait apparaître. Quand le temps des désillusions est venu, il est inutile et même dangereux de chercher encore à faire rêver. Il faut désormais s'appliquer à repenser les problèmes et essayer de comprendre les erreurs de conception et de méthode. Admettre qu'on attendait trop de l'entreprise et que les responsables ont fait des promesses de changement inconsidérées pour répondre à des attentes qu'ils avaient mal analysées ne doit pas constituer un aveu d'impuissance. C'est au contraire le meilleur moyen d'élaborer enfin une stratégie raisonnable.

Nos enquêtes, nous l'avons vu, mettent en évidence les progrès accomplis dans les cinq entreprises étudiées, et particulièrement chez Péchiney-Cégédur et chez Carnaud. La méthode que nous suivions, nos objectifs d'analyse tendaient toutefois à mettre en valeur la force du système de résistance plutôt que l'orientation stratégique et la puissance motrice déployées par les dirigeants. On a donc mis l'accent plutôt sur les obstacles que sur la capacité de changement. Il était indispensable de procéder ainsi pour éviter la dérive hagiographique, si tentante dans les entreprises.

Nous étions conscients de ces risques. Aussi avions-nous prévu, dès le départ de ce cycle d'enquêtes, de travailler en même temps avec une tout autre approche. A partir du groupe de travail de l'IDEP, nous avons mené, parallèlement aux enquêtes en profondeur, une étude plus sommaire et plus rapide mais beaucoup plus extensive, afin de comprendre, non pas les résistances, mais les moteurs des tentatives de rénovation de l'entreprise et les conditions de leur réussite. Nous avons choisi, en concertation avec les membres du groupe, vingt-cinq entreprises généralement considérées comme performantes et comme novatrices dans le domaine du management de la ressource humaine. Des contacts ont été pris avec chacune de ces entreprises, qui ont présenté leurs réalisations. Une douzaine d'entre elles ont été retenues pour des études de cas plus approfondies. Une analyse comparative de l'ensemble des informations recueillies nous a permis, à partir des convergences constatées, une première réflexion sur les caractéristiques communes des innovations sociales réalisées.

Les conditions indispensables à la réussite sont simples : l'engagement total et prioritaire des dirigeants dans la nouvelle philosophie du management participatif ; un grand souci du détail d'exécution ; un effort acharné de simplicité ; beaucoup de patience dans la durée et, en contrepartie, une capacité à utiliser rapidement les opportunités.

Nous allons rendre compte dans ce chapitre de l'ensemble de ces points, avant de présenter en détail, dans le chapitre suivant, les trois cas les plus exemplaires, sur lesquels nous avons réalisé une enquête approfondie.

L'ENGAGEMENT PRIORITAIRE DES DIRIGEANTS

Le principal moteur du changement, c'est toujours l'équipe dirigeante et plus particulièrement le chef d'entreprise. Son engagement est une condition primordiale, constatée dans les vingt-cinq cas examinés, sans aucune exception. On pourrait presque dire que cette condition nécessaire est presque suffisante, tant les autres convergences que nous avons relevées et qui sont, elles, moins contraignantes, semblent découler de la première.

Cet engagement du sommet doit être massif. Il ne s'agit pas d'un accord de principe sur un sujet important, mais que l'on doit concilier avec d'autres prises de position sur d'autres sujets importants. Seule est efficace l'annonce d'une priorité absolue, fondée sur une conviction intime, et qui influence les positions des dirigeants sur tous les sujets.

Ainsi, tous les responsables interviewés croient, d'une façon qu'on pourrait qualifier d'affective, à la nouvelle philosophie du management, et cela se manifeste concrètement dans leur comportement. Par exemple, ce qui fait le succès de Calvet chez Peugeot, c'est que ses cadres sont profondément persuadés que le patron croit ce qu'il dit et pratique ce qu'il prêche. « On doit être passionné. S'engager là-dedans à contre-cœur, c'est courir à l'échec », nous dit un patron. On ne doit d'ailleurs pas se méprendre sur la nature de cet engagement patronal. Il ne s'agit pas de réaliser le royaume de Dieu sur terre, ni même d'accorder une priorité absolue à l'épanouissement et au bien-être des personnes. Nous sommes très loin des enthousiasmes de cette génération d'apôtres d'une société nouvelle, dans les années d'après-guerre, comme les animateurs de l'entreprise Boimondo. On ne va pas chercher à mobiliser les membres de l'entreprise pour une finalité supérieure à celle-ci. On va seulement les aider à se mobiliser pour ce qu'ils font, pour se réaliser dans le travail et par le succès de celui-ci. « Il faut savoir où on veut entraîner les hommes : on ne motive pas l'homme pour l'homme. La finalité de l'entreprise, c'est le client et dégager du profit, en tenant compte du fait que chacun peut y apporter sa pierre. »

On n'abandonne pas toutefois la morale : celle-ci garde une place centrale. Mais ce n'est plus la même morale. Ce qui compte, ce ne sont plus les finalités supérieures ou les principes à mettre en œuvre, c'est la pratique d'une philosophie de la confiance. Sans confiance, pas de participation. Sans participation, pas de contribution active d'un personnel dont le zèle devient désormais indispensable. Cette morale-là ne s'oppose pas à la rationalité économique. Elle conditionne au contraire son développement.

Une telle morale, enfin, comporte un aspect intellectuel. On peut parler d'une théorie du comportement humain. Si l'on pense que l'exécutant moyen est irresponsable et paresseux, on ne peut pas échapper à la nécessité de le commander et de le contrôler de façon étroite. Si l'on croit que sur chaque problème il n'y a qu'une seule vérité et une seule solution optimale, il n'est pas possible d'accepter une négociation de bonne foi avec les diverses parties concernées. Dans la mesure où ces raisonnements, que personne n'ose plus soutenir ouvertement, sont des raisonnements instinctifs, réflexes, il faut une grande énergie pour y renoncer. C'est pourquoi la dimension morale, l'appel aux valeurs, prennent une telle importance. C'est pourquoi on n'a de chances de réussir que si les patrons, gardiens légitimes des valeurs, s'engagent personnellement et prêchent par l'exemple.

Dans tous les cas que nous avons retenus, cet engagement d'ordre philosophique est fondamental. On veut faire confiance, on est prêt à accepter l'erreur parce qu'on croit à la capacité de l'être humain d'apprendre et d'évoluer. « Dans une entreprise participative on cherche la cause des erreurs, on ne cherche pas les coupables », explique-t-on du côté patronal. « On fait une manœuvre en pensant bien faire », confirme-t-on du côté ouvrier. « Si ce n'est pas aussi bon qu'on le pensait, on ne va pas se faire sanctionner comme avant. Ensemble on cherche pourquoi. On sait qu'il y a un chef, mais on ne le sent plus comme il y a quelques années. »

DES PRINCIPES DE DÉLÉGATION, DE DÉCENTRALISATION ET DE PARTICIPATION PEU FORMALISÉS

Les pratiques de délégation, de décentralisation et de participation constituent l'axe central du nouveau management. Pourtant, les expériences que nous avons étudiées n'apparaissent jamais comme l'application de formules *a priori*. Ni DPPO, ni modèles de centres de profit, ni plans sophistiqués de décentralisation, ni groupes d'expression, ni même cercles de qualité ne sont donnés comme référence fondamentale, ni même importante.

Ce sur quoi on insiste, c'est sur la justification morale, philosophique même de l'effort. Les emprunts aux modes dominantes sont certes fréquents, mais ils ne sont jamais formalisés dans un programme orthodoxe. Ce qu'on met en évidence, ce n'est pas la méthode mais l'objectif entrepreneurial qu'elle permet d'atteindre. On ne décentralise pas pour décentraliser, on ne participe pas pour participer mais pour satisfaire le client, pour obtenir une meilleure qualité, pour atteindre des buts concrets. La commande par l'extérieur, par le résultat, est essentielle pour obtenir l'engagement. Ce dernier sera d'autant plus fort que la méthode n'apparaîtra pas comme un carcan.

Le succès très particulier des cercles de qualité ne peut se comprendre que dans cette logique. La méthodologie n'est pas un rite à observer scrupuleusement, mais un outil pour résoudre des problèmes. La participation est forte, mais ce n'est pas une communion dans des valeurs ou des finalités générales. C'est une participation à une action valorisante : la résolution de problème. Ce qui permet de dépasser revendication et contestation.

Malheureusement, cet usage raisonnable des cercles de qualité est rare. La plupart des patrons qui ont suivi la mode du jour se sont enthousiasmés pour elle sans discernement. Ils ont imposé l'utilisation du remède miracle partout et en toutes circonstances. Certains sont allés jusqu'à fixer à leurs responsables des quotas à respecter en nombre de cercles de qualité en opération.

Certes, la méthodologie de l'étude statistique de la qualité est très efficace. La mettre à la disposition des exécutants a constitué un progrès remarquable, décisif même, parce qu'il apporte à ceux-ci une capacité de raisonnement nouvelle. Il enthousiasme tout naturellement, dans un premier temps au moins, tous ceux qui y participent. Les patrons découvrent avec étonnement la capacité des membres les plus modestes de leur personnel à résoudre des problèmes. Les subordonnés se sentent valorisés, prennent confiance dans leur capacité à jouer un rôle dans l'entreprise. Mais après deux ou trois ans de travail, tous les cas d'innovation accessibles aux subordonnés et ne mettant pas trop directement en cause le système hiérarchique sont épuisés. L'enthousiasme retombe et les plus ardents défenseurs des cercles se découragent. C'est ce que montre clairement Françoise Chevalier dans une étude longitudinale, poursuivie sur cinq années, d'une dizaine d'entreprises qui se sont engagées dans les cercles de qualité[1].

Ne parviennent à trouver un second souffle que celles qui ont réussi à engager les cadres eux-mêmes dans le processus, à les rendre responsables. Elles ont privilégié systématiquement la qualité de l'engagement sur la quantité, les finalités et la philosophie de la démarche sur sa technique, le sens du terrain sur la doctrine. A l'inverse, les patrons qui ont pensé qu'ils pouvaient changer le système hiérarchique en faisant pression sur leurs cadres, en réservant le rôle d'animation au sommet tout puissant, en jouant sur l'effervescence des exécutants ainsi réveillés, devaient naturellement susciter des réactions de défense finalement insurmontables.

Les entreprises qui réussissent refusent le prêt-à-porter technique ou idéologique, et jouent le changement sur la philosophie d'ensemble et l'expérience. Elles adoptent une démarche pragmatique et persévérante, plutôt que de chercher à améliorer les structures et les procédures. Leurs patrons se montrent en général, à propos de ces expériences, à la fois modestes, prudents, et déterminés : « Cela demande beaucoup de temps à se mettre en place, on n'en a jamais fini... » « Il faut une détermination farouche tout le temps ; c'est un processus itératif de longue durée, pas une mode. »

On lira dans les chapitres suivants l'analyse des expé-

1. Françoise Chevalier, *La Véritable histoire des cercles de qualité*, thèse de Doctorat, HEC, 1989, à paraître.

riences de trois entreprises : la CIAPEM, Mulfor et la Générale de Services Informatiques. Mais il faut aussi évoquer le cas de Sony, la célèbre entreprise japonaise dont je voudrais résumer brièvement l'expérience en France, car elle met en question les idées reçues, aussi bien du point de vue de la technique managériale que de l'approche culturelle.

Sony France, créée en 1973 par une équipe de Japonais envoyés de Tokyo, a bien réussi économiquement[2] mais a été d'abord un échec sur le plan humain. Malgré un contexte peu favorable, l'équipe dirigeante a su développer l'activité de l'entreprise. Mais elle a tout de suite éprouvé des difficultés considérables à former et à encadrer avec efficacité des équipes françaises qui devaient mettre en œuvre les méthodes japonaises. D'où, paradoxalement, un style de management très directif. Le style des pionniers coexistait avec des comportements de petit chef vis-à-vis du personnel.

Dans l'entreprise, on s'en souvient encore. « C'était très directif, raconte une secrétaire : chacun à sa place, et à chacun son travail. On communiquait peu. On attendait qu'on nous dise ce qu'on avait à faire et à ne pas faire. » « Une compétition sauvage était organisée à l'intérieur de l'entreprise, ajoute un cadre. Cela comportait beaucoup d'inconvénients : casser l'esprit d'équipe, développer un état d'esprit de courtisan, du fait de l'attitude de la direction jugée très affective et ambiguë par les Français. Cela n'avait même pas l'avantage d'accroître la motivation des gens, parce qu'on ne voyait aucun rapport évident entre elles et les grands objectifs de l'entreprise... » « Les directives, même tordues, il fallait les appliquer ; par exemple, cloisonner les techniciens pour les isoler et développer l'esprit de concurrence : le premier directeur affichait dans son bureau les

2. Les effectifs sont passés de soixante à mille cent personnes, et le chiffre d'affaires de 84 millions à plus de 2 milliards de francs entre 1973 et 1986.

rendements de chaque technicien, et chaque fois qu'on battait un record, il y avait un pot ; à la fin, ça se traduisait par des concours stupides et inhumains. »

On le voit donc très bien : la transposition des techniques japonaises de management dans un contexte culturel très différent, non seulement réussit mal, mais peut même aboutir à des résultats opposés à ceux que l'on attendait.

Mais la culture n'est pas l'obstacle que l'on croit. Les méthodes japonaises sont parfaitement transposables, à condition que l'on ait une stratégie de changement bien adaptée à la situation. En effet, après cette direction japonaise, Sony France a connu une période de remise en cause psychologique avec un PDG français. Ce dernier avait pour tâche de restaurer le climat de confiance et de mettre en œuvre une politique de délégation de pouvoir. « Il a coupé les racines », résume un cadre.

En fait, de graves difficultés économiques dues à l'environnement français ont accentué cette coupure. Un plan de licenciements collectifs a été conduit suivant une politique sociale très en avance pour l'époque : beaucoup de techniciens ont ainsi pu se mettre à leur compte avec une aide de l'entreprise et sont devenus des fournisseurs de Sony.

Le climat interne a complètement changé. La direction n'a pas abandonné les méthodes japonaises, mais elle en a tiré ce qu'elles comportent de bénéfique et de transposable. C'est-à-dire, d'une part l'application de grands principes sociaux chers aux Japonais, mais qui sont valorisés tout aussi bien en Occident : pas de cassure entre petit personnel et direction, pas de hiérarchie absolue, simplicité des procédures et constante activité d'information, de concertation et de développement. D'autre part, un effort énorme de délégation des pouvoirs : on essaie, non pas tant de donner aux gens des responsabilités, mais de faire en sorte qu'ils puissent eux-mêmes les revendiquer et les prendre.

Les descriptions de fonction sont larges, pour que chacun les modèle en fonction de sa personnalité : aussi bien les ambitieux, qui s'investissent dans leur travail en y consacrant beaucoup de leur temps personnel, que ceux qui font leur travail consciencieusement, mais s'arrêtent à 18 heures.

Pour favoriser la mobilité des personnes, on fait en sorte qu'elles aient intérêt à connaître l'entreprise et à côtoyer les autres services, en participant à des commissions de résolution de problèmes. Ce mode de travail en commun, très répandu et ancien dans l'entreprise, est un élément de motivation important à la fois pour la connaissance réciproque que l'on y acquiert et pour le sentiment qu'on a de pouvoir agir : rien n'est figé, on peut toujours faire avancer les choses. « Il n'y a pas de barrière entre services, explique un cadre. Chacun peut intervenir dans d'autres services ; par exemple, je suis volontaire pour aller faire l'inventaire (car nous avons un problème de pièces détachées) ; chacun peut participer, dans une autre branche, à la commission qu'il souhaite. »

On a effectué enfin un travail considérable d'information — celle-ci étant vécue comme quelque chose de vivant, et non comme un flux de messages transmis passivement par le chef ou au chef. La communication horizontale, la chose la plus difficile à réussir dans les entreprises du fait de l'auto-cloisonnement des services et de l'obligation de suivre la voie hiérarchique, est particulièrement soignée : elle est assurée tout naturellement par l'habitude du travail en commission. Ainsi, les gens se connaissent personnellement et savent où aller chercher l'information qui leur manque.

UN EFFORT GÉNÉRAL DE SIMPLICITÉ

Nos premiers entretiens avec les patrons avaient fait ressortir l'idée de simplicité comme une des trois dimensions de l'organisation nouvelle et même comme la plus claire et la plus importante. Ce même concept se retrouve au centre des réflexions des dirigeants, dans les cas de réussite que nous avons étudiés. Mais il change sinon de sens, du moins de connotation. Il ne s'agit plus, là encore, de modèle formalisé d'organisation à chaîne hiérarchique réduite, mais d'un effort vers plus de simplicité dans toutes sortes de domaines, et de la philosophie de cet effort.

On cherche moins à dessiner l'organisation idéale qu'à comprendre comment on peut agir pour faire évoluer l'entreprise vers plus de simplicité. La réduction des échelons hiérarchiques n'apparaît plus comme le premier moyen à considérer. Ne reste du débat sur les structures que la critique des fonctionnels ou plutôt une mise en question profonde, parfois même radicale, des mécanismes qui découlent de la priorité donnée, consciemment ou inconsciemment, à l'expertise fonctionnelle. On mettra en question les règles sécrétées par cette expertise, plutôt que les cadres fonctionnels eux-mêmes.

« On fait des règlements pour tout le monde alors qu'une seule personne est en fait concernée, explique par exemple un de ces patrons. Alors les gens trichent pour rectifier les injustices... Les conséquences en sont une perte colossale d'énergie, une perversion générale (c'est la triche qui est récompensée) et une démotivation à tous les niveaux... Le management, éloigné du quotidien, doit globaliser pour prendre des décisions. Puisqu'elles sont générales, ces décisions ne répondent jamais aux problèmes réels que les gens vivent dans leur travail. Cela donne prise aux revendications générales dont sont spécialistes les syndicats. Directions du personnel et syndicats se battent sur le même terrain des idées générales... Chez nous, il n'y a pas de note de service, il n'y a pas de règlement. »

Cette entreprise, la GSI, dont j'examinerai le cas en détail dans le prochain chapitre, est allée jusqu'à supprimer complètement toute direction du personnel.

On retrouve l'écho de ce point de vue dans beaucoup des commentaires qui nous sont faits. De façon générale, on déclare faire effort pour privilégier les rapports informels, la communication orale sur la note de service. Ainsi, on nous dit à Digital Equipement : « La simplicité des rapports doit permettre de supprimer la crainte hiérarchique à laquelle les syndicats se réfèrent... Ne pas rendre malheureux tout le personnel par le syndrome de la note de service... C'est au chef de service d'agir directement, c'est lui qui doit être au courant des problèmes personnels des gens. »

En outre, à travers la communication orale, on peut faire passer autre chose que des informations techniques : la personne transparaît, son message est l'expression d'un engagement vécu. Beaucoup d'exécutants en sont conscients et y répondent de la même façon. « Avant, nous dit-on à la CIAPEM, on n'osait pas aller voir le chef ; maintenant, dès qu'on a un problème sur le poste de travail, on va le voir et on est tranquille car le problème est réglé. »

Dans le débat d'idées au sommet, exercice particulièrement pratiqué en France, la vision de l'avenir se traduit par des formules-chocs, qui donnent lieu ensuite à des procédures formalisées et élaborées. Dans la pratique, au contraire, tout ce qui est trop formalisé ou trop élaboré échoue. La simplicité ne peut être imposée comme un modèle rigoureux, conçu à partir de structures dont on croit qu'elles commandent nécessairement le reste. Ce qui compte, c'est l'effort mené dans tous les domaines pour amener les participants à des rapports plus directs, donc plus simples.

On retrouve ici nos conclusions des enquêtes précédentes sur les politiques de communication : seuls les messages simples peuvent être acceptés, les messages trop sophistiqués sont toujours, paradoxalement, considérés comme simplistes.

Il n'empêche que la mise au point de messages simples

demande beaucoup d'efforts. Les modèles utilisés, par exemple, par Auchan ou par Shell sont le résultat d'une préparation de plusieurs mois ayant associé un grand nombre de membres de l'entreprise. Ce qui est essentiel dans cette démarche, ce n'est ni la cohérence ni le caractère systématique de la consultation, c'est la pratique de l'écoute.

LE SOUCI DU DÉTAIL

L'effort vers la simplicité s'accompagne toujours d'un très grand souci du détail d'exécution, surtout en matière de problèmes humains. Comme le remarquait Octave Gelinier au cours de notre première enquête, la première leçon du Japon, c'est l'importance du quotidien. C'est dans le quotidien que se bâtissent la qualité, la productivité et le climat de coopération. Trop parler de systèmes et de structures éloigne de cet état d'esprit.

Cette obsession du détail est souvent présente dans nos cas de réussite. Elle s'exprime d'abord dans la considération témoignée aux personnes. Ainsi, aux Parfums Christian Dior, on s'efforce de transposer l'image de marque de l'entreprise — élégance et considération — dans les rapports humains, quel que soit le niveau hiérarchique ou la nature du travail. De même, « le principal besoin des gens, ce sont les signes de reconnaissance au quotidien », nous dit-on chez Auchan. Cela demande beaucoup d'application et d'énergie : « Je passe beaucoup de temps à leur faire reconnaître leurs qualités », explique le responsable d'un secteur caissières chez Auchan.

Les relations humaines sont faites de détails. Et chaque jour on doit tout recommencer. « Les tensions prennent naissance le plus souvent lorsqu'on n'apporte pas de réponse rapide aux problèmes journaliers qui conditionnent, pour une bonne part, l'ambiance de travail », explique un de nos patrons.

Cette attention aux personnes ne signifie en aucune manière laxisme, bien au contraire. Beaucoup des responsables interviewés insistent tout particulièrement sur l'importance de la rigueur et même de l'exigence dans l'effort demandé. C'est d'ailleurs là un élément de motivation : « Il faut demander tout aux gens, on ne fait pas des équipes sans demander des efforts. Quelle fierté vont-ils avoir d'eux-mêmes si vous ne leur demandez pas d'efforts ? » (Parfums Christian Dior) « Il faut être exigeant. Si on ne l'est pas assez, les gens ne se sentent pas assez reconnus. Il faut mettre la barre de plus en plus haut », nous dit un autre patron.

L'information constitue un des éléments essentiels de cette considération quotidienne. Certaines entreprises font un effort considérable pour faire circuler les informations techniques et économiques, en temps réel et au plus près du terrain, pour que chacun puisse connaître ses propres résultats et contrôler son action. Ce qui compte bien sûr, là encore, c'est la qualité de l'information plutôt que sa quantité ou même sa précision. Qualité veut dire pertinence pour la personne considérée, quant à son contenu et au moment où elle lui parvient.

L'information automatique, telle qu'elle est organisée à la CIAPEM, à l'aide de terminaux qui portent constamment à la connaissance des intéressés les ratios de productivité, de qualité, de sécurité et d'absentéisme, est particulièrement efficace. Mais elle ne remplace pas l'information hiérarchique, dispensée oralement par les cadres. Celle-ci est très importante parce qu'elle instaure un climat de confiance entre le chef et son personnel, et parce qu'elle crée un sentiment d'appartenance au groupe. Les douze entreprises étudiées ont des stratégies divergentes en ce qui concerne ce mode d'information, du fait même des problèmes que pose la transmission de l'information en cascade, avec tous les risques de déformation que cette méthode comporte. Certaines, comme GSI, privilégient la hiérarchie et cherchent ainsi à valoriser la tâche de l'encadrement. D'autres comme Sony, préférant la rapidité et la simplicité, pratiquent dans ce domaine — et dans ce domaine seulement — le court-circuit. Ce n'est pas, toutefois, une information descendante : les entreprises laissent à l'initiative des personnes le soin d'aller elles-mêmes chercher l'information dont elles ont besoin là où elle se trouve, quel que soit le niveau hiérarchique de celui qui la détient. L'information, n'étant pas considérée comme une denrée rare, ne peut plus être à la source d'un pouvoir. Mais cela implique des rapports hiérarchiques extrêmement fluides et des rapports horizontaux plus vivants.

LE DÉFI MOBILISATEUR

Pour tous les problèmes humains, la durée est essentielle. Cela ne veut pas dire qu'il faille nécessairement aller toujours lentement : il faut savoir jouer avec le temps. La transformation d'une culture d'entreprise et du système de rapports humains qui la sous-tend demande beaucoup de continuité et de persévérance. La leçon des expériences de la CIAPEM et de GSI, que nous allons examiner dans le prochain chapitre, comme de celle de Sony, que nous avons déjà mentionnée, est claire.

Et pourtant, des occasions peuvent être saisies, et même créées, qui permettent d'accélérer le processus, de précipiter le changement. Le défi mobilisateur en est le meilleur exemple. Le cas le plus convaincant par son ampleur, sa logique et sa clarté est celui de la transformation opérée à la Redoute, à Roubaix, avec l'introduction du « 48 heures chrono. »

La Redoute Catalogue, organisation centrale du groupe Redoute, une des plus grandes entreprises de vente par correspondance française, se trouvait en 1983 dans une situation dangereuse. Ses parts de marché diminuaient. Son grand rival, les Trois Suisses, prenait de plus en plus l'avantage. Dans une région particulièrement exposée au risque de chômage, tout le personnel se sentait concerné et même menacé. Une imprudence de langage du directeur général au cours d'un discours de fin d'année conduit la presse régionale à annoncer cinq cents licenciements imminents, jetant la consternation dans l'entreprise.

Il fallait absolument ressaisir l'initiative. Le directeur général sentait bien que ce n'était pas par une campagne de publicité qu'il pourrait lutter contre la concurrence. Il lui faut offrir à la clientèle potentielle une transformation du service rendu qui soit vraiment révolutionnaire. Il réfléchit alors à la possibilité de raccourcir de façon drastique les délais de livraison. Si l'on pouvait passer de deux semaines de délai moyen à deux jours, le service rendu changerait presque de nature.

Il s'en ouvre à son comité de direction, qui lui répond avec une belle unanimité et beaucoup d'excellents arguments que c'est impossible. Persuadé qu'il tient là pourtant la clef de tous ses problèmes, il revient à la charge, sans succès. Le problème, bien sûr, tourne autour de la capacité pratique du personnel à réaliser cet exploit. Le directeur général est convaincu qu'il en est capable et, passant outre au scepticisme de ses cadres supérieurs, il teste son idée auprès des employés de base et des premiers échelons hiérarchiques au cours des nombreuses instances de communication qui ont été organisées depuis longtemps dans l'entreprise : réunion de cadres et de maîtrise, déjeuners de contact dans les services. Il constate à chaque fois que son idée, loin d'effrayer, est vite reprise et partagée par ceux qui, en dernier ressort, seront chargés de la mettre en œuvre.

Pour étudier de façon plus circonstanciée et plus pointue la faisabilité du projet, on constitue des groupes de travail impliquant tout le personnel, du haut en bas de la hiérarchie et dans tous les services. Après cette consultation, dont on tire beaucoup de propositions d'amélioration, aussi bien sur l'organisation que sur les problèmes techniques, l'opération est lancée. Des travaux importants sont accomplis pour bien équiper tous les nouveaux postes. L'engagement du personnel est tel, face au défi proposé, qu'il est tout à fait capable d'y répondre dès lors qu'on lui a donné les moyens matériels et la liberté d'action indispensables pour le faire. La Redoute prend le risque de garantir la fiabilité de sa promesse : elle remboursera tout achat non livré à temps. Le personnel est ainsi rendu conscient de sa responsabilité. Il règne alors une atmosphère de commando, dont les participants se souviennent encore avec émotion. La réussite est totale. Le nombre de remboursements est beaucoup plus faible que prévu.

Après coup, le personnel est resté très fier de ses « 48 heures ». On peut dire que sa capacité collective s'est sensiblement améliorée, et avec elle le climat humain de l'entreprise. D'une certaine façon, il apparaît que l'ordre des facteurs a été inversé. Ce n'est pas l'amélioration du climat qui a permis de développer la capacité collective, mais c'est le défi qui, suscitant la capacité collective, a transformé le climat.

Il ne faudrait pas, toutefois, interpréter trop hâtivement le déroulement de cette expérience, comme le font généralement les patrons activistes qui pensent trop facilement que seule l'action permet le changement. En fait, il n'y a aucune opposition entre le travail à long terme et l'accélération constatée à l'occasion d'une crise subie ou voulue. Dans le cas de la Redoute, la réussite n'a été possible que du fait de l'existence de deux autres facteurs. Tout d'abord un travail préalable, en profondeur, avait déjà été accompli à la suite d'une crise sociale grave dix ans auparavant. Les relations hiérarchiques avaient été profondément transformées. On pouvait déjà parler de management participatif. En second lieu, la menace de crise était profondément ressentie par tout le personnel. C'est la survie de l'entreprise qui paraissait en jeu.

Conscience de crise, capacité collective d'y faire face rendaient plausible le défi. L'intuition du directeur général a été de savoir tirer parti de cette rencontre favorable. L'impact a été d'autant plus grand que ce qui paraissait impossible du point de vue des habitudes se révélait raisonnable. Cette réévaluation des capacités réelles de l'entreprise peut à son tour générer d'autres opportunités. C'est le secret des *cercles vertueux* qui sont à l'origine de tous les développements spectaculaires des organisations humaines.

Il faut remarquer toutefois que le choix du patron de la Redoute restait un pari risqué. Nombre d'échecs sont dus à une mauvaise appréciation des facultés collectives. Tout l'art du management repose sur cette faculté d'appréciation, dans laquelle la part d'intuition sera toujours importante, mais qui pourra s'éduquer de plus en plus grâce au développement des analyses de système.

6

GENÈSE ET LIMITES D'UN PREMIER SUCCÈS : LE CAS DE LA CIAPEM

La CIAPEM, la filiale de Thomson Électroménager spécialisée dans les machines à laver, est un cas particulièrement intéressant. Cette entreprise lyonnaise de mille cinq cents personnes, à la pointe du développement dans les années 60, se trouvait en relatif déclin au début des années 80. Reprise en mains par un patron jeune, passionnément engagé dans un nouveau style de management et mettant les problèmes humains au centre de ses préoccupations, elle a réussi un redressement économique spectaculaire. En une demi-douzaine d'années, elle est parvenue à se placer à l'avant-garde du progrès technique et dispose cette année, avec sa nouvelle « usine dans l'usine », de l'atelier d'assemblage le plus moderne d'Europe. Ce redressement est fondé avant tout sur une valorisation du personnel ouvrier et agent de maîtrise, et sur un système de participation efficace.

Et pourtant, en novembre 1988, une grève d'un mois dissipait l'euphorie de ce climat social. Les efforts de développement du personnel et de l'organisation ne sont pas abandonnés mais au contraire, après un temps de mise en sommeil partiel, considérablement accrus.

Avec ses succès et ses limites, ce cas nous invite à une réflexion plus profonde.

UNE ENTREPRISE EN DÉCLIN

« Imaginez que vous devez produire avec zéro défaut des machines pour lesquelles, chaque jour, vous consommez deux millions de composants, alors qu'il suffit d'un seul composant défectueux pour provoquer la panne... » Comme le dit J.-F. Gautier, le PDG de la CIAPEM : « Il y a de quoi être désespéré. »

Quand le jeune P.-D.G. prend en mains les destinées de la CIAPEM, l'entreprise semble en déclin, au moins relatif. Ses parts de marché ont diminué d'un quart. Elle n'est pas encore dans le rouge, mais elle ne génère plus de bénéfices. Surtout, elle doit faire face à une concurrence de plus en plus dure avec un outil industriel vieillissant. Ses produits, certes, sont de bonne qualité et gardent leur réputation, mais sa gamme est ancienne et n'a pas été renouvelée. Elle est de moins en moins adaptée à une clientèle qui change et devient toujours plus exigeante. Sa productivité n'est pas au meilleur niveau du fait d'un manque de modernisation et d'adaptation de son outil industriel aux nouvelles conditions du marché.

Le climat social, enfin, n'est pas très bon. La CIAPEM est une entreprise paternaliste à l'ancienne qui a généré depuis longtemps, dans le climat urbain lyonnais, une opposition à forte coloration gauchiste, remuante et agitée. Depuis les difficultés et violences qu'elle a vécues en mai 68, elle souffre encore d'une réputation, probablement exagérée, d'entreprise « dure ». Même si elle est, tous comptes faits, assez tranquille et peut s'appuyer sur une forte minorité d'anciens, voire de plus jeunes, très attachés familialement à l'entreprise, sa mauvaise image ne facilite pas la coopération entre cadres et maîtrise d'un côté, personnel d'exécution de l'autre. Ajoutez à cela la présence d'une forte proportion d'immigrés (40 %), surtout nord-africains, qui occupent tous les emplois pénibles, particulièrement à la tôlerie (70 %).

Si l'on replace les choses en perspective, la CIAPEM est une grande entreprise typique de l'époque d'expansion quantitative. Centre de l'empire Brandt dans les années 60-70, elle a gagné la bataille de la production de masse, mais s'est endormie sur ses lauriers et ne parvient pas à se renouveler. Ayant trop vécu sur l'illusion d'un marché indéfiniment porteur, elle réagit toujours comme s'il suffisait de bien produire en rationalisant. La productivité est conçue seulement en termes quantitatifs. On la mesure avec des ratios simples. La qualité reste une valeur, mais elle est conçue en termes conservateurs. Elle peut même apparaître opposée à la productivité. Puisqu'il s'agit de mieux faire ce que l'on a toujours fait, cela peut signifier facilement prendre plus de temps, donc diminuer la productivité.

D'une façon générale, les valeurs de production dominent dans le management comme dans le personnel. Et tout le monde a toujours de bonnes raisons de s'opposer au changement. Le bouleversement complet du système de commercialisation qui, dans les années 70, consacre la victoire des grands distributeurs sur les producteurs laisse la CIAPEM sans réponse. Elle se sert du marketing mais n'a pas l'esprit client. Elle ne l'écoute guère, ce client, ou plutôt ne l'écoute que quand il répète ce qu'elle sait déjà. Elle n'arrive pas à comprendre que le monde a changé et que ses qualités sont désormais devenues des défauts. L'encadrement est lourd. Le management a vieilli et l'ensemble, devenu rigide, réussit à se maintenir mais n'a pas vraiment de stratégie.

LA STRATÉGIE D'UN PATRON

Le problème à résoudre n'est pas simple. Il ne s'agit pas d'élaborer une bonne stratégie commerciale et financière, ni d'améliorer encore la productivité, mais de transformer un système humain resté trop figé pour être capable de s'adapter naturellement aux conditions nouvelles.

Pour Jean-François Gautier, une seule issue rationnelle, l'innovation. Pas seulement technique, mais conçue pour la qualité et pour le service du client. Un tel type d'innovation ne peut réussir que s'il s'appuie sur un personnel d'exécution motivé et un système d'encadrement convaincu et porteur.

Ses convictions sont fondées sur une réflexion économique rationnelle. Il est persuadé que ce ne sont plus les produits fabriqués qui génèrent la richesse, mais que c'est dans l'innovation et le service, bref le « soft », que réside la plus forte croissance potentielle de plus-value.

Il pense en même temps qu'il ne peut pas lutter sur le bas de gamme, car les nouveaux concurrents, particulièrement les pays de l'Est, proposent désormais des produits moins chers que les produits français. Pour éviter que les consommateurs ne se précipitent sur eux, il est condamné à fabriquer des machines beaucoup plus fiables, plus performantes et plus modernes. Ce qui veut dire qu'il doit se battre sur un autre terrain que celui de la fabrication pure et dure, et vendre à la fois de l'innovation, c'est-à-dire de la recherche, de la qualité et de l'image. C'est à ce prix seulement, pense-t-il, que la CIAPEM réussira à fidéliser une clientèle avide de nouveauté et à l'écoute de laquelle il faut être très attentif.

Dans cette perspective, la bataille pour la qualité est essentielle pour lui. Sa réflexion stratégique sur ce point répond d'ailleurs à une conviction profondément ancrée. Il raconte volontiers que, tout enfant, il a été très choqué de trouver un matin sa mère en train d'éponger une énorme mare d'eau devant sa machine à laver. Quand il se retrouve, quelque trente ans plus tard, PDG d'une entreprise de machines à laver, il décide que ses appareils à lui ne tomberont pas en panne. Le souci du consommateur sera le meilleur argument de vente, « le coût moyen d'une réparation atteint la moitié du prix d'une machine neuve... »

L'originalité de sa démarche, c'est de mener de front, à partir de ce constat, deux réflexions et deux actions :

— sur les aspects scientifiques du changement à opérer, car produire de la qualité et innover exigent désormais des connaissances sophistiquées ;
— sur le système humain que constitue l'entreprise, car tout repose sur la compétence des hommes et leur bonne volonté.

Il distingue donc, mais en les menant de pair, une chaîne « produit » et une chaîne « ressources humaines ».

1. *La chaîne « produit ».* Il s'agissait de renouveler complètement la gamme en deux ans : « Il n'y a pas un seul composant, pas un seul équipement spécifique communs entre la gamme nouvelle et l'ancienne, explique-t-il. Ce sont de nouveaux produits, de nouveaux moyens de fabrication, de nouveaux modes opératoires. C'est la révolution. »

Pour y parvenir, il a fallu travailler à trois niveaux : la conception, la gestion des ressources extérieures et la fabrication.

— En matière de *conception*, la partie se jouait essentiellement dans l'investissement en recherche-développement et il fallait bien apprécier la difficulté et l'urgence du problème. Dans le domaine des connaissances et du savoir-faire, en effet, on rattrape difficilement le retard car on est obligé de passer par toutes les étapes intermédiaires. On a donc décidé d'investir massivement. Pour cela, on a plus que doublé, en quatre ans, les effectifs du bureau d'études (passé de trente à quatre-vingts personnes). Les résultats ont été rapides : la BB 40 (la nouvelle gamme) a été très bien accueillie dans le public et la CIAPEM est redevenue leader dans plusieurs domaines. Elle a mis en fabrication et en vente en 1985, avec dix-huit mois d'avance sur les concurrents, la machine à capacité variable, puis le « système choix » (la machine s'adapte au degré de salissure du linge), et enfin la machine qui pèse elle-même le linge (fin 1988) : « Ce qu'il faut, c'est avoir toujours une génération d'avance par rapport aux concurrents, dit J.-F. Gautier. Les méthodes doivent permettre de concevoir bien et juste du premier coup. Il faut pouvoir mesurer les défaillances. On a donc investi dans la conception assistée par ordinateur et dans la capacité des laboratoires. »

Mais l'investissement en personnel scientifique n'est pas suffisant. L'aspect managérial de cet effort est aussi important. Pour obtenir de tels résultats aussi rapidement, la CIAPEM a constitué des groupes de projet multidisciplinaires pour la mise au point des nouveaux produits : ce sont des groupes informels hors hiérarchie, qui réunissent des gens de tous les secteurs (recherche et développement, marketing, achats, production, qualité...). Le chef de projet est l'animateur. Mais il doit assurer la synthèse et prendre la décision. C'est un mode de management très participatif, avec recherche de consensus. Il exige un soin très particulier de la part de la direction qui doit savoir faire accepter au personnel de son unité la décision à laquelle le groupe est parvenu.

— En ce qui concerne *la gestion des ressources extérieures*, il s'agit d'abord de s'assurer de la qualité des composants que la CIAPEM achète à ses fournisseurs. Il est donc indispensable que ceux-ci fassent la même démarche dans ce domaine. Des contrats ont été passés avec eux, stipulant des niveaux de qualité. Si ces niveaux ne sont pas atteints, la CIAPEM abandonne ces fournisseurs, ou ces derniers lui versent des indemnités. La moitié des fournisseurs sont sous ce régime. Pourtant, même dans ce cas, J.-F. Gautier n'est pas encore satisfait, car, dit-il, « nous subissons des "épidémies" difficiles à déceler, parce que nous ne contrôlons plus les fournisseurs qui sont sous "assurance-qualité". Pour pallier cet inconvénient, nous mettons en place chez eux des audits, nous établissons un véritable partenariat, sous la forme d'une charte de fournisseur privilégié ; le fournisseur s'engage à respecter les procédures, en échange de quoi nous nous engageons à lui acheter des composants pendant plusieurs années ».

— Dans le domaine de *la fabrication*, enfin, chacune des unités a été rendue responsable de sa propre qualité ; de plus en plus, cette responsabilité directe s'étend aux individus. En 1987, la CIAPEM a lancé « l'année de la qualité » avec la mise en place du PAQ, le Plan Action qualité, qui sensibilise toute l'entreprise et cherche à y faire passer le sens de la relation client-fournisseur. Il s'agit de se demander : « Que va penser mon client (l'atelier suivant) du service que je vais lui donner ? » et de ne plus rejeter systématiquement la faute sur l'aval.

Cette action est prolongée par un suivi du produit auprès de la clientèle. La CIAPEM a tout d'abord créé une laverie-laboratoire dans laquelle on fait faire trois mille lessives à chaque machine pour mesurer sa fiabilité, son taux de défaillance et son endurance. Elle a d'autre part mis en place un panel surveillé de cinq mille ménages qui renvoient les informations par téléphone et par questionnaires. Un service des relations avec les consommateurs s'occupe directement des clients (livraison, installation de l'appareil et service après-vente).

2. *La chaîne « ressources humaines »*. Recherche, développement, organisation de la fabrication et suivi de la clientèle sont pensés, nous l'avons vu, tout autant en termes humains qu'en termes rationnels. La chaîne « ressources humaines » a deux objectifs : améliorer les compétences à tous les niveaux et rechercher en permanence une meilleure motivation des hommes. Ces deux objectifs ont été poursuivis en tenant compte des ressources existantes et des progrès réalisés par les équipes de direction précédentes.

— *Améliorer les compétences :* on a embauché d'abord davantage d'ingénieurs et de techniciens. Le nombre des ingénieurs a été multiplié par six (on est passé de dix à soixante). On a cherché d'autre part à rehausser le niveau de qualification des ouvriers et à donner des possibilités de progression à ceux qui avaient une formation et des capacités. Les ouvriers bacheliers passent très vite les échelons : ils sont OS pendant un an, puis animateurs de secteur (c'est-à-dire responsables techniques pour une dizaine de personnes), ou pilotes de presse.

On a beaucoup réfléchi, dans cet esprit, à la transformation des modes de production. La nouvelle organisation du travail exige de plus en plus de polyvalence et d'autonomie. La grande transformation réalisée en 1989 avec la mise en route de l'UAF (Unité d'Assemblage Flexible) est fondée sur la constitution d'îlots disposant d'un quart d'heure d'autonomie. Chaque îlot est comme un village, il s'organise comme il l'entend, d'où la nécessité d'avoir sur le terrain un ouvrier polyvalent avec un degré de jugement suffisant. La force vive de cette fonction se trouve dans cette population au sein de laquelle se recrutent chefs d'équipe, agents de maîtrise ou techniciens. Dans cette perspective, la formation représente un investissement (plus de 6 % de la masse salariale) et elle est qualifiante depuis 1986. On s'enorgueillit de cas d'ouvriers qui sont sortis de l'usine pour faire un BTS en deux ans et qui y reviennent comme techniciens ; ou des trois techniciens partis pour préparer un diplôme d'ingénieur et revenus comme cadres.

— *Rechercher une meilleure motivation des hommes* : on a cru pouvoir atteindre cet objectif en décentralisant les responsabilités, et d'abord au sommet. Les soixante-dix cadres sont considérés comme membres à part entière de la direction : ils ont pour mission de faire descendre cet état d'esprit en cascade dans l'entreprise.

Mais le grand engagement de la CIAPEM a été le lancement d'une *Démarche de progrès* : l'encadrement réunit tout le personnel une fois par mois, par petits groupes, pour lui donner des informations concernant son atelier et son secteur, en s'appuyant sur les tableaux de bord (plusieurs paramètres sont considérés : absentéisme, qualité, sécurité, productivité) ; on examine les résultats, puis il y a une discussion pour trouver les facteurs de progrès ; on parle de tout, sauf des contrats de travail et des cas particuliers de personnes ; entre les réunions, les gens disposent de cahiers « Démarche de progrès », où chacun peut noter ce qui ne va pas ; cela permet de faire participer même ceux qui n'assistent pas aux réunions.

La seule chose qu'on ne puisse ni négocier ni

contester, ce sont les objectifs de la société et ses règles du jeu. En 1982, on avait déjà profité des lois Auroux pour mettre en place un système de participation du personnel. La Démarche de progrès va beaucoup plus loin.

On utilise les événements exceptionnels, et on en crée : des voyages ont pu être organisés à l'initiative des chefs d'unité pour fêter une réussite en liaison avec le groupe de progrès (ce dernier sélectionne par exemple, pour les envoyer au salon des Arts Ménagers, ceux qui auront particulièrement contribué à améliorer la qualité). De même, une année, la tôlerie a présenté, grâce à la Démarche de progrès, des résultats exceptionnels : le chef d'unité a offert aux ouvriers un voyage en Suisse sur le budget du secteur (chaque unité ou service a son propre budget pour ses investissements, ses frais, ses effectifs...).

Chaque année, une convention réunit tous les animateurs de groupes, et un groupe de progrès par secteur présente lui-même ses réalisations de l'année. La vidéo est de plus en plus utilisée.

Un groupe de progrès n'est pas un cercle de qualité. Il ne s'attache pas à résoudre un problème, il fait constamment l'inventaire de l'ensemble des difficultés. Mais il peut constituer un cercle sur un des problèmes diagnostiqués : le cercle réunit alors des volontaires et des experts (bureau des méthodes, par exemple) avec allocation d'heures de travail. Quand il aboutit, il fait une présentation à la hiérarchie.

Cet ensemble articulé fonctionne bien depuis quatre ans. On a atteint un taux de participation active aux groupes Démarche de progrès de 85 % pour l'ensemble du personnel. Ce mode d'organisation et les critères de mesure qu'il emploie sont bien adaptés au personnel de production, moins bien aux *fonctionnels* (bureau d'études, achats...). En 1986, on a lancé le PAQ (Plan Action Qualité), décrit plus haut. Chaque membre de l'entreprise doit être membre d'une DP ou d'un PAQ. Mais J.-F. Gautier s'est fait une règle de ne pas tomber dans le formalisme: on peut choisir l'une ou l'autre formule ou les mélanger, l'essentiel étant qu'il y ait des progrès concrets.

Cette chaîne « ressources humaines » n'aurait pas d'impact si elle n'était pas soutenue par un engagement profond du patron et de l'équipe qu'il s'est choisie. J.-F. Gautier n'est pas un héros médiatique. Il n'emploie pas de formules à l'emporte-pièce, on ne peut guère citer ses petites phrases. Il réfléchit beaucoup mais n'articule pas sa pensée dans une logique cohérente. C'est un homme de convictions très fortes et dont la philosophie pratique est inséparable à la fois de sa vision rationnelle et de ses positions morales.

Pour lui, la richesse principale d'une entreprise, c'est son personnel. L'entreprise doit être « un espace de développement personnel », indispensable dans une société matérialiste et superficielle.

Son jugement sur les immigrés, très nombreux chez lui, est tout à fait caractéristique. C'est dans l'entreprise, pense-t-il, qu'ils sont le mieux à même de se former et de se professionnaliser. Alors que partout ailleurs ils sont rejetés, dans l'entreprise on les respecte, ils peuvent y valoriser leurs capacités professionnelles et relationnelles. Ce qui veut dire que l'entreprise est encore plus importante pour eux que pour les Français de souche.

Pour rendre possibles ces progrès, il faut avant tout donner beaucoup de considération aux individus, jusque dans les petits détails quotidiens. Par exemple, éviter les discriminations hiérarchiques non justifiées par le travail aussi bien dans la vie quotidienne (parkings réservés à la direction, salle de restaurant réservée aux cadres), que dans les manifestations de prestige de l'entreprise liées au travail.

Cette priorité du quotidien est particulièrement marquée en matière d'information. Le soin avec lequel tous les éléments d'information fiables qui ont une utilité directe pour l'opérateur sont rassemblés est remarquable. Les groupes Démarche de progrès font remonter une foule de petits problèmes quotidiens dont on s'efforce de tenir compte rapidement. Toutes les informations concernant la productivité de l'atelier, l'absentéisme, la qualité, la sécurité, etc. sont exposées sous forme de tableaux très lisibles. La résultante est figurée par un petit bonhomme dont la couleur et l'expression varient en fonction de l'orientation des résultats. Bleu signifie progrès, jaune des résultats acceptables, et rouge : attention.

La production personnelle s'affiche en temps réel, ainsi que le niveau de qualité. Les opérateurs peuvent mesurer le résultat de leur effort et gagnent en autonomie, n'ayant ainsi plus besoin des contrôles pour savoir où ils en sont.

Rien de tout cela ne serait possible sans un engagement de franchise. Ce dernier terme revient d'ailleurs très souvent dans les réponses, à tous les niveaux. « Accepter le dialogue, parler franchement, c'est reconnaître l'autre et prendre le risque de se dévoiler et de se faire critiquer », explique un chef d'équipe. « Il faut parler franchement aux gens, sans avoir peur de se trahir », insistent plusieurs animatrices.

La modestie de la démarche est affirmée constamment : « On ne fait pas de spectacle, il faut accepter de travailler à la marge », dit J.-F. Gautier. Tout est très lent. « J'ai su qu'on avait gagné quand 80 % des gens ont dit qu'ils avaient participé à un groupe et qu'ils avaient été intéressés. Mais il a fallu quatre ans et demi. »

Les difficultés qu'a entraînées la grève n'ont pas provoqué de réactions de découragement ni de rejet. On a essayé de comprendre les problèmes sous-jacents à la crise pour relancer les groupes dès que ce serait possible. Et on les a repris effectivement. Ainsi a-t-on pu réaliser sans difficultés l'installation des premières équipes appelées à travailler dans l'unité d'assemblage flexible. Celle-ci suscitait beaucoup d'inquiétudes. Elle s'est réalisée finalement de façon très naturelle à travers une réelle participation de tous les groupes concernés. Et maintenant, tout le monde demande à y aller.

LES RÉSULTATS

Le redressement de la CIAPEM a été spectaculaire. A la limite du rouge en 1984, l'entreprise a commencé à décoller dès 1985 et elle enregistre ces dernières années des bénéfices d'au moins 5 % du chiffre d'affaires, à partir d'un cash-flow de 11 à 12 %.

Plus important pour l'avenir, sa situation technique et économique est devenue très favorable. Elle a réussi à renouveler son outil industriel en même temps que ses gammes de produits. Elle a mis en service, en 1989, la première tranche de sa nouvelle unité d'assemblage flexible, l'outil le plus moderne d'Europe. Cet investissement lourd (cent millions de francs) a été totalement financé sur le cash-flow. Les parts de marché sont passées de 24 à 30 % en France et les exportations ont doublé. La productivité s'est améliorée de 53 %, le volume des ventes s'est accru de 52 %, passant d'un peu plus de cinq cent mille à près de huit cent mille pièces. La croissance a été plus rapide encore pour les sèche-linge, produit qui a rapidement pris 25 % d'un marché très porteur.

La CIAPEM a donc pu augmenter considérablement sa productivité sans diminuer ses effectifs. Elle a été favorisée par un redressement du marché. Mais elle a su admirablement tirer parti des opportunités qu'il offrait pour investir à la fois dans l'outil technique et dans la mobilisation des ressources humaines.

Qu'en est-il du point de vue des résultats humains ? On constate un climat de communication et d'ouverture tout à fait inhabituel.

La Démarche de progrès touche maintenant l'ensemble de l'entreprise. Au cours de la dernière convention annuelle, la direction a pu déclarer que cinquante groupes Démarche de progrès s'étaient réunis 589 fois au cours de l'année, soit 3 384 heures (prises bien sûr sur le temps de travail), et que 1 178 personnes avaient été concernées sur les 1 500 que compte l'entreprise.

Ces nombres peuvent naturellement être tout à fait trompeurs. Mais nous avons pu constater, en assistant à plusieurs réunions de ce type, qu'il s'agissait de groupes bien vivants, où la participation était très active. J'ai moi-même pu observer le déroulement de la discussion d'un groupe composé presque uniquement d'immigrés. Tous ou presque s'exprimaient sans gêne, sur des sujets qui leur tenaient à cœur. Les thèmes abordés étaient certes limités : ils concernaient surtout les outillages, les aménagements de machines et les procédures. Les échanges étaient généralement limités à la question ou à la suggestion de l'ouvrier et à la réponse de l'agent de maîtrise leader du groupe. Les discussions plus générales étaient rares et n'y participaient, la plupart du temps, que trois ou quatre personnes. En revanche, la qualité de l'écoute était excellente.

Un tel groupe est certainement plus proche de l'esprit des lois Auroux que d'un cercle de qualité puisqu'il n'utilise pas de méthodologie spécifique. Mais ce n'est pas toujours le cas. Un groupe, par exemple, a résolu le problème du gaspillage des gants de sécurité, qui entraînait un risque supplémentaire pour les opérateurs. Il a obtenu que chacun d'eux dispose d'un casier personnel fermant à clef et devienne ainsi responsable de l'ensemble de ses gants, au lieu d'être obligé de passer par le chef. Démonstration a été faite en effet qu'on pouvait augmenter la sécurité en diminuant le coût du renouvellement des gants. Un autre groupe a attaqué le problème des retards dans le paiement des fournisseurs. Les membres du service factures-fournisseurs sont allés dans les diverses unités dont dépendait la solution du problème, afin de leur expliquer leurs difficultés et la part que ces unités y prenaient. On est passé en six mois de 57 % de factures en retard à 14 %. Enfin, la préparation du projet d'unité d'assemblage flexible s'est fait, rappelons-le, avec des groupes Démarche de progrès.

De façon plus générale, on peut dire qu'à travers l'activité de ces groupes le modèle hiérarchique a sensiblement évolué. Tous les témoignages que nous avons recueillis chez les agents de maîtrise sont concordants. « Le climat est moins tendu, le dialogue est plus franc ; avant, on ne se connaissait pas, on donnait des ordres... » (Maintenant) « quand il y a défaillance dans le travail, on peut être sûr que la personne a un problème personnel, alors il faut être proche, écouter et essayer de le résoudre avec elle, ça se vérifie chaque fois. La conséquence, c'est qu'on paye beaucoup de notre personne... » « Pour l'absentéisme, on essaie de trouver une solution, par exemple en donnant un poste plus facile quand les gens sont fatigués. C'est pareil pour les congés, ça favorise le dialogue. On est beaucoup plus près du personnel. La maîtrise est très jeune, on n'a plus les mêmes méthodes pour approcher les gens. »

Pour les agents de maîtrise, les groupes Démarche de progrès semblent constituer un levier d'action privilégié : « Cela permet au personnel d'exprimer ses besoins réels, d'améliorer ses performances grâce à un outil de travail mieux adapté, du fait que le service des méthodes aura travaillé avec les utilisateurs. Cela décloisonne l'entreprise et habitue les gens à entretenir de nouveaux rapports, fondés sur le souci de l'efficacité plutôt que sur le respect de la hiérarchie... » « A la tôlerie, c'est une réunion par mois à sept ou huit personnes, on ne prend jamais les mêmes... » « On se sent plus à l'aise, on a plus de maîtrise de soi, on est plus apte au dialogue, on est plus à l'aise dans sa fonction. On se déplace (pour faire face aux problèmes techniques, commerciaux...). Tout est décentralisé, chaque unité a son budget, ses investissements. On traite tout de A à Z : on va chez les fournisseurs. Alors que j'étais resté ici huit ans sans sortir ! »

Ce libéralisme ne signifie pas, on le voit, un affaiblissement de la maîtrise, mais bien davantage un renforcement de son rôle. Contrairement à la mode actuelle, qui considère le raccourcissement des échelons hiérarchiques comme un signe de dynamisme, à la CIAPEM on a créé récemment un poste supplémentaire d'animateur de secteur ou d'animatrice de groupes d'opératrices. Il ne s'agit pas, il est vrai, de postes hiérarchiques, mais de relais d'écoute et de discussion.

La réussite de cette nouvelle organisation se manifeste assez clairement par l'enthousiasme de ces animateurs et animatrices : « L'amélioration de l'atelier, dit l'une d'elles, est venue avec les chaînes mécanisées. Le temps de production a été calculé pour qu'elles aient le temps de lever la tête. Quand elles prennent un café, on les remplace. Elles parlent plus facilement de leurs problèmes. On s'est fixé une réunion Démarche de progrès une fois par semaine. Tout le monde participe. Concernant les postes, par exemple, elles ont demandé et obtenu des tiroirs pour ranger leurs affaires... On a travaillé avec le bureau des méthodes pour que le fournisseur fasse des simulateurs adaptés à nos besoins. Les contremaîtres sont allés voir les prototypes sur place... » « Ce qui a changé, c'est la motivation des gens. Il n'y a plus cet esprit de dire "je fais mes sept heures". On doit tous s'entendre les uns les autres pour sortir quelque chose de valable. Au début, dans l'atelier, il y avait des clans : c'était toujours la faute de l'autre équipe. Ce n'est plus vrai maintenant, on se dit les problèmes rencontrés, on prépare les changements. Il y a une très bonne entente (...). L'entretien répare sur notre recommandation : par exemple, à 20 h moins 10, un ressort a cassé ; on a réparé avant que l'autre équipe ne commence. »

Certaines animatrices ont même pris l'initiative de pratiquer, à leur échelle, la politique de l'entreprise qui consiste à écouter les doléances de ses clients, voire à les provoquer : « Au début, on avait beaucoup de pannes dans la fabrication des dosserets, qu'on contrôle à 100 %. On s'est donné comme objectif que notre production arrive avec zéro défaut au montage (notre client). On est descendu les voir sur leur chaîne, on s'est rendu compte de l'importance d'un scotch mal mis pour eux. Les contrôleuses sont aussi descendues sur les chaînes. On regardait, on discutait avec le réparateur. Maintenant, il y a dialogue entre le montage et la filerie. Avant, on entendait : "A la filerie, on ne travaille pas bien." Maintenant, on ne leur descend plus rien de mauvais. »

LA GRÈVE DE NOVEMBRE 1988

Le déclenchement d'une grève le 18 octobre 1988 et sa poursuite pendant le mois de novembre paraîtront tout à fait surprenants à la lecture de cette description des efforts de la direction de la CIAPEM et des résultats assez remarquables qu'elle avait obtenus.

Cette grève, certes, a été relativement tranquille. Elle a commencé comme une grande fête de soutien aux grévistes des transports lyonnais, qui devait durer deux heures. Elle n'a pas entraîné l'ensemble du personnel, ni même une claire majorité. Le directeur du personnel estime le pourcentage réel des grévistes à 40 %. Elle n'en a pas moins constitué un vrai choc. L'entreprise a été paralysée pendant un mois. Le programme de développement des ressources humaines (Démarche de progrès et PAQ) a été mis en sommeil pour trois mois. Les dirigeants, enfin, ont été contraints de réfléchir aux limites de leur politique.

Comment peut-on expliquer un tel renversement de tendance ? Bien sûr, un certain nombre de facteurs nationaux et locaux créaient un contexte propice. La crise sociale de l'automne 1988 constituait une rupture forte dans le secteur public (hôpitaux, transports, enseignement). La CIAPEM n'appartient pas à ce secteur. Mais comme elle fait partie d'un groupe nationalisé, elle avait dû suivre dans leurs grandes lignes, en matière salariale, les directives du ministère des Finances, c'est-à-dire mener une politique restrictive. Le retard des salaires était d'autant plus frustrant que l'entreprise affichait depuis trois ans de bons résultats financiers.

Il faut tenir compte, d'autre part, d'un climat lyonnais spécialement dur au cours de cette période, et du rôle que jouaient traditionnellement les syndicats de la CIAPEM dans la lutte sociale. La CIAPEM avait connu des leaders syndicaux de grand rayonnement dont un prêtre ouvrier syndicaliste ayant laissé un souvenir durable. Les deux leaders actuels, sans disposer du même crédit, sont des hommes de qualité. Ils ne se sont pas opposés directement à la politique de ressources humaines de la CIAPEM. Beaucoup de syndicalistes d'ailleurs participent aux groupes Démarche de progrès. Mais les syndicats toléraient mal la présence de plus en plus forte du management dans les ateliers. Ils ont su habilement tirer parti de l'opportunité qui s'offrait à eux pour faire échec à cet interventionnisme.

Ces interprétations raisonnables sont offertes par Jean-François Gautier et son directeur du personnel. Mais l'un et l'autre ont la sagesse de ne pas s'arrêter à une analyse qui les exonérerait de toute responsabilité. Ni le contexte, ni l'action du partenaire-adversaire syndical ne sont suffisants pour comprendre le succès, même relatif, d'une grève de cette nature — la première, il faut le souligner, depuis 1968. La réflexion qu'ils ont menée leur a fait découvrir trois grands problèmes dus à une mauvaise appréciation de leur part ou à des erreurs de politique : les distorsions dans le système social de l'entreprise, les injustices personnelles entraînées par le blocage relatif des salaires, l'erreur de communication qu'ils ont commise en paraissant mépriser ou négliger les métiers traditionnels des ouvriers.

Les distorsions dans le système traditionnel ont affecté plus particulièrement la tôlerie. Celle-ci était restée un univers masculin, marqué par un travail dont la pénibilité était compensée par un certain prestige. L'évolution accélérée des produits et des techniques a dévalorisé ce travail. A terme, ce secteur est condamné. La hiérarchie du prestige a donc basculé, les gens de la tôlerie ne sont plus le centre de l'entreprise. Les dirigeants ont cherché à atténuer les tensions dues à la forte présence des immigrés et y ont, semble-t-il, réussi, mais ils n'avaient pas du tout envisagé l'importance de la hiérarchie sociale au sein de l'usine. La rapidité de l'évolution ainsi que, paradoxalement, la politique d'ouverture et de communication facile ont fait éclater le problème.

La stratégie de communication y a aussi fortement contribué, estiment les dirigeants. Ils ont, en effet, sans s'en rendre compte, attaqué l'identité professionnelle du personnel ouvrier. En insistant pour faire comprendre à leur encadrement et à la maîtrise que leurs trois métiers fondamentaux devaient être désormais : *concevoir, acheter, assembler,* ils mettaient en cause une forte tradition ouvrière fondée sur les métiers d'outilleurs, de tôliers et de peintres. Or, le métier de peintre est effectivement en voie de disparition, et celui de tôlier, déjà restreint, se trouve menacé. Il est significatif que la grève ait éclaté à la tôlerie, le secteur où la perte d'identité professionnelle était le plus manifeste.

La réflexion sur les réclamations particulières, enfin, a

montré qu'un certain nombre de classements étaient considérés comme injustes. En y regardant de plus près, la direction a pu constater qu'il y avait effectivement des anomalies, et a décidé un certain nombre de corrections. Elle a tout d'abord allégé et clarifié la grille salariale, ce qui a permis de revoir les rémunérations. Tous les cas ont été examinés un par un. Un certain nombre de postes ont été repositionnés dans la grille. Quant à ceux dont on pensait qu'ils ne devaient pas être augmentés, des raisons leur ont été données clairement. De façon générale, on a fait un gros effort pour mettre le plus possible de clarté et de publicité dans les problèmes de rémunération.

On a, en second lieu, accepté de changer l'équilibre de la rémunération, qui tendait à un partage moitié-moitié entre salaires de base et primes, pour parvenir aux trois quarts de la rémunération pour le salaire de base, au quart pour la prime.

En matière de ressources humaines enfin, on a, après mûre réflexion, décidé d'intensifier la politique de management participatif. L'interprétation qu'a finalement adoptée la direction, c'est que la grève aurait eu lieu de toute façon, étant donné l'existence de tous ces éléments, mais que la politique suivie en avait, en fait, atténué la portée et l'intensité. La grève, dans leur esprit, était une alerte qui mettait en évidence certains dysfonctionnements, mais qui soulignait aussi l'importance de cet aspect de leur politique, qu'il convenait donc d'intensifier.

Cet infléchissement se traduit par une présence plus fréquente des membres du comité de direction sur le terrain, à côté de la maîtrise. Ils doivent assister à des réunions de Démarche de progrès, à des stages d'évaluation et d'embauche. Les groupes Démarche de progrès, après un temps d'arrêt, ont été repris et renforcés. Enfin, l'installation de l'unité d'assemblage flexible a été poursuivie, en discussion avec les ouvriers et ouvrières directement intéressés par le transfert. Ces derniers ont effectué eux-mêmes un certain nombre de choix pratiques importants.

QUELLES LEÇONS TIRER D'UN TEL EXEMPLE?

Le cas de la CIAPEM confirme largement l'analyse que j'ai proposée des conditions de succès d'une politique de ressources humaines dans le précédent chapitre. Il permet en même temps d'en marquer les limites.

Une transformation des comportements et des pratiques de coopération est très difficile, mais apparaît parfaitement possible en France dans les conditions actuelles de la grande injustice. Autre leçon, le succès dépend très largement de l'engagement prioritaire du patron.

Ce que met en valeur plus précisément ce cas, c'est l'importance de la conception. La stratégie peut sembler simple, mais elle est le fruit d'un raisonnement complexe qui embrasse un système très large: le positionnement possible de la firme en fonction des tendances du marché, l'investissement nécessaire pour développer un potentiel humain de recherche constituant une masse critique suffisante, le rôle de la qualité dans le rapport aux clients, et la capacité du système humain de l'usine — ouvriers, maîtrise et cadres — à générer collectivement la qualité.

Importance, également, du facteur temps. Une stratégie de coopération active, capable d'assurer l'innovation et la qualité, est longue à se mettre en place car la confiance ne s'instaure pas facilement entre les partenaires. Surtout, elle ne donne pas tout de suite des résultats positifs. Les trois premières années, les dirigeants de la CIAPEM ont dû constater que les principaux indicateurs de qualité étaient en baisse. Même si les résultats globaux étaient meilleurs, les doutes étaient difficiles à surmonter.

Enfin, la CIAPEM a mis en place des programmes et procédures simples, souples et de ce fait très adaptables. Le secret du succès consiste à pouvoir corriger le tir en fonction de l'expérience, ce qui demande une attention toujours en éveil.

A côté de ces leçons positives qui corroborent ce que nous avions déjà mis en évidence par la comparaison des cas, l'expérience de la grève marque bien les limites à l'intérieur desquelles on doit opérer. Des contraintes fortes existent. Elles sont sociales, historiques. Elles n'empêchent pas tout progrès, mais elles limitent, du moins dans le temps, l'ambition des objectifs.

Toute transformation importante des pratiques change le système de prestige et de pouvoir au sein d'une organisation. Elle crée donc des tensions qui peuvent être considérables et tendent à paralyser l'action. De nombreux échecs de cet ordre, étudiés notamment aux États-Unis, le démontrent amplement. Des expériences très concluantes de participation des exécutants au management de leur atelier ont dû être abandonnées, tout simplement parce que les tensions qu'elles généraient n'étaient pas supportables. Il ne faut pas seulement amorcer des cercles vertueux de développement, il faut aussi pouvoir s'occuper de ceux qui vont se trouver, comparativement au moins, en déclin, et risquent d'en souffrir.

Les contraintes externes auxquelles on pense le plus souvent, comme les pressions syndicales et politiques, sont en fait moins lourdes. Elles semblent ne peser vraiment que si elles convergent avec des contraintes internes.

Les marges de jeu qui restent sont toutefois considérables. Aucune de ces contraintes n'est déterminante. La CIAPEM n'avait pas su les apprécier suffisamment à l'avance. Ses chances pour l'avenir vont dépendre de la justesse du diagnostic nouveau qu'elle a élaboré, avec beaucoup de courage. Il ne s'agit pas seulement, en effet, de répondre aux problèmes que la grève avait fait apparaître, mais de tirer parti de la nouvelle compréhension du système humain à laquelle la grève a permis de parvenir.

7

PROBLÈMES ET LIMITES D'UNE MOBILISATION OUVRIÈRE

Le grand enthousiasme que peut provoquer un changement des méthodes managériales n'est pas du tout l'invention d'une propagande de patrons idéalistes ou de consultants intéressés. Le problème que pose un changement brutal n'est pas celui du manque de réaction du personnel, mais au contraire celui d'une réaction trop vive qui peut devenir à terme tout aussi insoutenable pour les subordonnés que pour le management.

A l'usine de Mulfor, dans l'Entreprise Générale de Produits, le choc en retour, que j'ai décrit en analysant la grève de novembre 1988 à la CIAPEM, s'est produit de façon plus rapide et plus nette. L'expérience de cette petite usine moderne à la campagne est exemplaire. Son examen va permettre de découvrir un autre aspect des difficultés à surmonter pour réussir le changement, celui de la publicité de l'expérience. Assumer le changement est psychologiquement beaucoup plus difficile qu'on ne croit. La trop grande visibilité de l'expérience, qui force les intéressés à en assumer trop tôt la responsabilité, peut entraîner son échec.

Notre système de relations industrielles, tel qu'il s'est cristallisé dans des procédures rituelles, plus profondément encore notre modèle social hiérarchisé, ne tolèrent pas les innovations trop visibles. Il est possible de transgresser les règles, à condition de respecter les formes et les symboles. Le « parler vrai » a beau être valorisé, il fait courir un risque généralement insupportable.

Le milieu politique et les médias poussent conjointement à exagérer la signification d'une réforme, forçant les responsables à jouer avec l'effet d'annonce. Ils déstabilisent souvent les hommes de terrain qui s'engagent, déformant et faussant la signification de leur action jusqu'à ce que tout dialogue constructif se bloque.

UNE PETITE USINE MODERNE

Mulfor est une usine moderne dans un milieu rural assez traditionnel, tout proche pourtant d'une zone de grande industrie ancienne. L'entreprise Mulfor avait été créée pour servir le marché industriel local. Ce marché se restreignant, elle a connu de nombreux avatars : trois rachats successifs en dix ans et, avec le troisième et actuel propriétaire, un changement de produit et de clientèle. Restée certes dans le même type d'activité — produits semi-finis standardisés — elle a changé à la fois de ligne, de clientèle et de mode de fabrication. L'emploi a été sauvé mais réduit — une centaine d'ouvriers. L'usine est efficace, la production a augmenté et les perspectives d'avenir sont bonnes mais des problèmes peuvent se poser du fait d'une mauvaise localisation par rapport à la clientèle.

Quand on visite l'usine, on est frappé par la modernité de l'équipement. Les chaînes sont largement automatisées, propres et très performantes. Le climat est calme. Les opérateurs, peu nombreux, effectuent diverses tâches de surveillance, de maintenance, d'assistance et de manutention.

Le patron actuel de Mulfor est arrivé en mai 1987. Il venait d'une autre usine beaucoup plus performante du groupe, comportant plusieurs autres stades de production. Il y était en charge du stade final, correspondant aux fabrications actuelles de Mulfor. Ayant brillamment réussi, à ce poste, à animer des cercles de qualité particulièrement efficaces, il avait pour mission d'améliorer la productivité de Mulfor, demeurée stagnante. Il découvre un système hiérarchique très ronronnant. L'ancien patron, directif et centralisateur, décidait de tout et ne laissait aucune initiative à personne. La qualité de la production était mauvaise, il y avait de nombreuses pannes techniques. Les gens ne parlaient pas et ne s'écoutaient pas.

Fort de ses succès passés, qui lui semblaient parfaitement transposables puisqu'il s'agit de fabrications semblables, Jean-Pierre P... se met tout de suite à l'œuvre pour imprimer un style complètement nouveau aux rapports hiérarchiques. Il est présent partout, écoute tout le monde, mais essaie en même temps de renforcer la hiérarchie. Il bénéficie immédiatement du contraste avec son prédécesseur et déclenche un grand enthousiasme.

Six mois seulement après son arrivée, le groupe dont Mulfor fait partie décide de tenir une conférence de presse sur sa politique sociale, et, impressionné par l'activisme de Jean-Pierre P..., lui demande d'en organiser la première partie. Celui-ci propose de jouer le jeu du management participatif jusqu'au bout, et charge les ouvriers, constitués en cercle de qualité, de préparer la visite et de répondre à sa place aux questions des journalistes.

Le cercle se constitue, travaille avec beaucoup de

conscience sur sa prestation et manifeste de telles qualités de spontanéité et de bon sens que son succès sur le moment paraît total. La direction du groupe, très enthousiaste, tire immédiatement parti de ce succès dans ses publications internes et ses relations publiques externes.

C'est alors qu'un choc en retour se produit, qui va troubler profondément l'usine pendant plusieurs mois. Les protagonistes de l'expérience sont critiqués, d'abord à l'extérieur par les délégués des autres usines — on se moque des champions, de ceux qui se croient les meilleurs — puis à l'intérieur même de l'usine où un syndicat CFDT se constitue.

L'entreprise doit adopter un profil bas, toute publicité est arrêtée et les visites sont refusées. Jean-Pierre P... ne renonce pourtant ni à ses idées ni à son programme, mais s'attache désormais à un changement plus lent, plus en profondeur. Ses succès s'affirment petit à petit. La productivité augmente de 25 % en un an, mais il refuse désormais de mettre en évidence ses réussites en matière de relations humaines.

UNE PHILOSOPHIE PRATIQUE ENTIÈREMENT ORIENTÉE VERS L'ACTION

Le paradoxe du cas Mulfor, c'est que le travail pratique du management participatif y est particulièrement réussi, alors que son exploitation médiatique y a été, contre toute attente, ratée, jusqu'à risquer de mettre en danger la pratique même. Les bonnes intentions se traduisent bien dans les faits, mais leur annonce rend difficile leur poursuite, comme si les gens acceptaient de faire le bien seulement à condition qu'on n'en parle pas.

Pour bien comprendre ce paradoxe, il faut tout d'abord partir du cas de Jean-Pierre P... lui-même. Ce n'est pas un homme de management. C'est un cadre du terrain, un responsable d'atelier qui s'est passionné pour les nouvelles perspectives de son métier et a été porté par sa réussite. Il avait certainement le goût et le sens des relations humaines, mais n'en a pas tout de suite tiré parti. Il déclare avoir été, dans le passé, très directif. Il s'est aperçu des problèmes que posait le management traditionnel le jour où il a organisé des réunions d'information, imitant un de ses collègues qui en avait obtenu de bons résultats : « Là, les participants m'ont dit que j'étais trop directif, et au fur et à mesure, j'ai changé mon comportement. »

En 1978, il suit les séminaires d'un groupe autonome et discret, le Centre d'Études des Entreprises (CEE), qui réunit des dirigeants et des responsables opérationnels désireux de pratiquer un management participatif. C'est à partir de cette expérience qu'il va se forger sa philosophie pratique. Son premier principe, c'est l'écoute : « Tout est une question de communication, nous dit-il, il faut savoir écouter. Quand un agent de maîtrise me coupe la parole, je lui dis : si vous vous comportez comme ça avec moi, c'est que vous le faites avec vos ouvriers. Écoutez-les... Et forcez-vous à répondre à leurs questions dans les 24 heures. Si les gens posent des questions, c'est qu'ils ont un problème, et tant qu'ils ne l'auront pas résolu, ils ne pourront pas résoudre le vôtre. »

Un chef d'équipe de Mulfor confirme que cette philosophie correspond à une pratique réelle : « Il y a très peu de hiérarchie, c'est très direct. Le directeur, pour nous, c'est Jean-Pierre et on le tutoie. Il vient plusieurs fois par jour dans l'atelier et on lui dit tout de suite nos remarques... Quand l'autre directeur venait dans l'atelier, on se prévenait et on se remettait au travail. Avec celui-là, on ne s'arrête pas de prendre le café ou de discuter. A l'autre, on ne lui disait que ce qu'on voulait bien. Avec Jean-Pierre, comme il en tient compte, on lui dit par exemple que la machine va tomber en panne. »

La responsable des problèmes administratifs et du personnel porte ce jugement : « Il est calme. Il observe avant d'agir mais quand il a décidé d'agir, c'est décidé, et après il s'y tient. Il n'est pas arrivé en disant : maintenant, on change tout. Il comprend qu'on ait d'autres références, d'autres façons de travailler qu'à Jancourt. Il n'engueule pas les responsables devant leur personnel. Moi je n'aurais jamais accepté un tel poste avec notre ancien patron... Si vous voulez que les gens prennent des initiatives, il faut accepter l'erreur. »

Un autre chef d'équipe remarque : « L'autre fermait le magasin à clef. Jean-Pierre, lui, est différent. C'est la confiance. Il dit : qu'est-ce qu'on use comme scotch ! Faites un groupe pour savoir ce qui ne va pas. Et on arrive à trouver une solution. Si on ferme à clef, quand on vient en chercher, du scotch, on nous en donne, donc ça ne sert à rien. »

Écoute, confiance, relation directe, reste le problème de l'encadrement. Jean-Pierre P... est catégorique : il faut tout renvoyer à l'encadrement : « A Jancourt, j'ai tout délégué : les repos compensatoires, les sanctions positives et négatives. Je me refusais à recevoir les gens quand ils n'étaient pas passés par leur supérieur hiérarchique direct. Quand ils venaient, je leur disais : j'informe d'abord votre supérieur hiérarchique. Et je ne prenais pas de décision. » Mais, bien sûr, il faut que l'encadrement joue le jeu, qu'il fasse équipe : « Quand je suis arrivé ici, je leur ai dit : si vous voulez que le personnel soit disponible, il faut connaître les problèmes personnels des gens et les aider... Et le comportement de ces gens a changé le jour où le comportement de l'encadrement a changé. »

Jean-Pierre P... est particulièrement fier de sa réussite dans le grand atelier dont il avait la charge avant d'être responsable de Mulfor. « J'ai pris l'atelier en 1978. C'était un très grand atelier de deux cent cinquante personnes, quasiment ingérable. Il fallait s'en sortir. J'ai mis en place un organigramme, chaque agent de maîtrise étant responsable de son personnel. Chaque ouvrier avait son chef, et même s'il allait travailler dans une autre partie de l'atelier, s'il y avait un problème, c'est son chef qu'il allait voir... Ça m'a demandé cinq ans pour changer l'ambiance. Mais quand mon remplaçant m'a téléphoné en me disant : je n'ai jamais été aussi heureux dans un atelier, ça m'a vraiment fait plaisir. »

Jean-Pierre P... s'était naturellement enthousiasmé pour les cercles de qualité. Dans son usine précédente, un cercle s'était constitué pour résoudre les problèmes posés par les chutes de poussière et de graisse d'une très longue chaîne de fabrication automatique. L'accumulation de poussière et de corps gras, non seulement entretenait une atmosphère désagréable à la respiration et malpropre, mais provoquait de fréquents arrêts pour assurer le réglage de la chaîne.

Les membres du cercle de qualité ont travaillé huit mois, d'abord pour analyser le problème et chiffrer le coût des arrêts de chaîne. Ce coût, établi à partir de la méthodologie statistique des cercles, était considérable. Un investissement important paraissait donc envisageable. Les participants ont exploré les solutions possibles, et retenu le principe d'une gaine comportant un système d'aspiration simple. A partir des devis qu'ils ont fait préparer, ils ont pu présenter un projet complet qui a emporté l'adhésion de la direction. Le nouveau dispositif a été mis en œuvre, les conditions de travail sont bien meilleures. Ce résultat a naturellement attiré l'attention de la direction générale. Il a été donné en exemple dans tout le groupe comme une démonstration de ce que peut accomplir un cercle de qualité.

DES RÉSULTATS PRATIQUES BIEN RÉELS

En venant à Mulfor, Jean-Pierre P... avait enfin la possibilité d'être totalement responsable d'une usine.

Même si celle-ci était plus petite, il pouvait mettre en application toutes ses idées. Mais il a rencontré beaucoup plus de difficultés qu'il n'en avait prévu.

Les cadres étaient pleins de bonne volonté, mais ils n'étaient pas du tout formés et ne comprenaient pas : « Ici, auparavant, ils étaient les chefs. Moi je voulais des animateurs. C'était pratique pour eux d'avoir un patron directif... En fait, j'ai voulu aller trop vite, car ces gens n'avaient pas suivi de formation. Ça a été dur pour moi, car je devais aller chercher l'information : elle ne remontait pas. Or, dès le début, les ouvriers étaient demandeurs. Il n'y avait pas de syndicat, et ils en ont formé un finalement parce qu'ils n'avaient pas d'information de la part de leur encadrement... Je revenais vingt ans en arrière, et je leur disais : vous en êtes encore à la préhistoire. Ça ne leur plaisait pas du tout. »

Le problème était d'autant plus difficile à résoudre pour Jean-Pierre P... qu'il voulait rester non directif avec ses cadres. Les ouvriers protestaient : « On m'a dit en réunion de comité d'entreprise : vous faites trop confiance à votre encadrement, vous ne les engueulez jamais... Dans les couloirs on disait : il n'est pas assez ferme, pas assez dur. »

Jean-Pierre P... ne s'est pas démonté. Petit à petit, l'encadrement a mieux perçu ses intentions. Son comportement très appuyé, très prévisible, a été reconnu et compris et il a commencé à être imité. Témoignage d'un chef d'équipe production : « Le plus important n'est pas technique, mais c'est de faire marcher les hommes ensemble... J'ai appris à voir leurs problèmes. Par exemple, quand ils arrivent fatigués le matin, j'essaie de savoir pourquoi... Le caractère des gens c'est important... Quand mon petit intérim m'appelle pour me dire : j'ai fait une bêtise, j'ai oublié de mettre un rang de papier, j'ai cru que tu allais m'engueuler ; je lui réponds : pourquoi ? J'en fais moi aussi, des bêtises ! »

Les progrès sont sensibles. Jean-Pierre P... a instauré,

comme à Jancourt, des réunions d'information et d'échange où il rencontre le personnel par groupes de dix à douze personnes. Il pousse la hiérarchie à faire de même. Il suit les progrès de son chef de fabrication qui, selon lui, a mal vécu la transition et « qui commence à être plus ouvert ». Il envisage d'envoyer les cadres qui ont des difficultés au stage CEE, où il a lui-même appris à se comporter de façon *participative*. « Ce sont des techniciens, dit-il, pas des meneurs d'hommes. Mais je ne suis pas un coupeur de têtes : ça ferait peur aux autres et la confiance disparaîtrait. »

Les cercles de qualité étaient plus difficiles à mettre sur pied qu'à Jancourt, car les ressources sont beaucoup plus réduites. Il n'est pas facile de retirer quatre ou cinq personnes d'un petit atelier de production : c'est une proportion trop forte de l'effectif. Des groupes ont été constitués sur l'ensemble des ateliers, mais ils n'ont pas le même impact. Cependant, ils ont fini par donner des résultats. Par exemple, un groupe de travail dit « Harmonie », composé de sept personnes interservices, a abouti à une proposition pratique concernant la vidange des bennes de déchets de fabrication. Cette proposition a été mise en exécution fin octobre 1988. La vidange se fait désormais sur une dalle bétonnée au niveau du sol de l'usine, éclairée la nuit et séparée de l'atelier par une porte rapide. Cette aire d'évacuation procure le maximum de garanties de sécurité, de propreté et améliore sensiblement les conditions de travail. Le travail des caristes a été nettement amélioré et on a supprimé toute une manutention. Fort de ce succès, le groupe a abordé un deuxième problème : l'élimination des papiers dans les postes de sertissage. L'introduction de bennes s'ouvrant par le fond et l'organisation d'une nouvelle procédure améliorent la propreté et les conditions de travail, et procurent en outre un gain de temps. Le groupe travaille maintenant sur l'élimination des déchets de cuivre sur deux lignes de production spécifiques.

Les résultats économiques de Mulfor sont très convaincants. La productivité s'est sensiblement améliorée. Le coût de la non-qualité a été divisé par trois. Les pénalités pour réclamations de clients ont presque disparu. Il y a eu, en 1988, dix mille heures travaillées de moins que l'année précédente pour une production nettement supérieure. L'entreprise n'a plus besoin de faire venir les gens le dimanche. Le nombre de jours d'absence par personne a diminué de moitié en deux ans. Enfin, les résultats financiers se sont sensiblement améliorés.

Comparativement aux autres usines de la division du groupe engagées dans les mêmes productions, Mulfor a désormais une position favorable, aussi bien en ce qui concerne le chiffre d'affaires par employé que les frais de personnel, la qualité et la productivité[1]. Le personnel en est conscient et les commentaires recueillis insistent sur les progrès accomplis. Un ouvrier prétend même qu'à Mulfor « on a inventé une nouvelle façon de voir les choses » : au lieu de parler d'absentéisme, on parle de *présentéisme*. Le président du groupe, ajoute-t-il, a repris l'expression pour toutes les usines.

POURQUOI DONC, DANS CE CLIMAT, LA POSSIBILITÉ D'UN CHOC EN RETOUR ?

Comme à la CIAPEM, on peut constater à Mulfor une contradiction entre les réactions dominantes favorables, sinon enthousiastes, qui se manifestent dans les entretiens individuels, et la possibilité d'un rejet temporaire extrêmement vif devant une situation qui forcerait à prendre parti.

1. Ces chiffres et ces ratios sont comme souvent contestables car Mulfor ne couvre qu'une partie du procès de production, celle où la valeur ajoutée est la plus forte dans le système comptable. Ce qui est clair toutefois, c'est qu'elle a fait plus de progrès que les deux autres usines au cours des deux dernières années.

En revanche, la réaction de rejet apparaît à Mulfor tout au début de l'expérience, alors qu'elle ne se produit à la CIAPEM qu'au bout de plusieurs années. Mais dans les deux cas, la crise est le fruit d'un événement fortuit, inattendu.

L'événement déclencheur à Mulfor, nous l'avons dit, est la conférence de presse. Reprenons le film de l'événement. L'arrivée d'un nouveau directeur, qui rompt radicalement avec le comportement autoritaire et les pratiques exagérément hiérarchiques de son prédécesseur, constitue une petite révolution. Tous les témoignages le montrent, il est bien accueilli. C'est seulement six mois après le début de cette perestroïka que la conférence de presse est imposée à l'usine. Et puisque Jean-Pierre P... est le champion des cercles de qualité, on lui suggère de faire appel à ses ouvriers pour la préparer et la tenir. La proposition est imaginative et particulièrement séduisante. Jean-Pierre P... obéit. Je suppose que l'expérience le tente. Il choisit dix « volontaires ». Il est naturel qu'il ait cherché avant tout à désigner des gens capables de faire bonne figure. Car le problème, c'est que tout le monde soit à la hauteur devant le redoutable honneur qui est fait à l'usine. Dans ce milieu rural, ouvrier, les gens sont simples. Ils n'ont jamais parlé en public : comment vont-ils s'en tirer ?

Écoutons la responsable des problèmes administratifs et du personnel : « Les gens étaient morts de peur car il y avait le grand patron, des PDG, des journalistes, et ils devaient prendre la parole devant tout le monde. La plupart n'avaient pas eu de formation à la communication. Ils étaient une dizaine, de l'agent de maîtrise au régleur et à l'OS sur la ligne. Ils ont beaucoup travaillé. Il y a eu beaucoup d'insomnies. Certains en étaient malades, certains étaient presque trop à l'aise. »

Pourquoi cette conférence de presse a-t-elle été un événement crucial et perturbateur ? Pour trois raisons.

1. Les membres du cercle de « présentation de

l'usine » ont réussi leur opération au-delà même de toute espérance. Ils ont d'abord fait visiter l'usine aux journalistes et aux personnalités présentes avec l'ardeur de néophytes. Ils ont ensuite présenté, en trois panels de trois personnes (le dixième membre faisant une introduction générale) les trois thèmes qu'ils avaient retenus : ce qui nous mobilise, c'est de travailler dans une usine à taille humaine, c'est la fierté d'appartenir à un groupe dynamique et c'est la volonté de devenir les meilleurs. Ces thèmes étaient directement repris du projet d'entreprise du groupe. Répondant ensuite avec bon sens aux questions, ils donnèrent l'impression d'une parfaite maîtrise de cet art qu'ils n'avaient pas appris, la communication.

Tous les participants furent fortement impressionnés. Le président du groupe s'adressa à eux à la fin de la présentation en s'écriant : « Vous avez fait une chose phénoménale... C'est vous qui devriez faire la communication. Vous êtes bien meilleurs que nous. »

L'effet médiatique était atteint. L'un des journalistes, immédiatement après la présentation, déclarait : « Je reviens d'un voyage au Japon et j'ai eu l'impression de me retrouver là-bas. On dirait que les gens vivent dans une entreprise modèle ; qu'ils sont prêts à revenir de congés pour faire des heures supplémentaires en cas de presse... Ça ne doit pas se passer comme ça dans beaucoup d'autres entreprises. »

2. Ces présentateurs ont, en toute bonne foi, donné une image de leur usine qui dépassait très largement la réalité. Les formules reprises du projet d'entreprise expriment des souhaits, sinon des vœux pieux. Dans leur bouche, elles devenaient des réalités vécues. Dans la description implicite qu'ils donnaient de leur usine, on découvrait l'usine modèle, celle de leurs rêves.

C'est ce qu'exprime une employée qui faisait partie du groupe : « J'ai regretté tout compte fait d'avoir participé. J'ai eu le sentiment que ç'avait été trop préparé... On a dit qu'on a été manipulé. Ce n'était pas ça, on ne se connaissait pas assez. On a échangé des mots qui ont été plus loin que notre pensée, on a donné une image trop belle de l'usine. Les collègues de l'usine nous ont dit qu'ils n'avaient pas apprécié notre présentation. Ils nous ont dit: c'est quand même pas le paradis. Ils ont dit qu'on avait présenté une usine de rêve. »

Jean-Pierre P..., lui-même, n'est pas loin de penser la même chose : « Ce sont des gens naturels, humbles, ils ont de la pudeur... On a dit que la vérité avait été enjolivée... Ce n'est pas tout à fait ça... Ils présentaient leurs aspirations, plutôt que la réalité. »

3. Cette présentation a été faite aux journalistes, mais le reste du personnel était absent. Il n'a donc connu ce qui s'est passé que par les réactions venues de l'extérieur. Les premiers articles de presse favorables ont d'abord consacré le succès de l'opération, à la satisfaction générale. Mais la direction du groupe, trop enthousiaste, s'est saisie de l'événement et l'exploitation qu'elle en a fait a complètement retourné la situation. Une cassette avait été enregistrée et des extraits ont été diffusés à plusieurs reprises. Un numéro spécial d'un journal-événement de l'entreprise en a publié un montage. Le comité central d'entreprise est alors intervenu et a violemment réagi, accusant les gens de Mulfor de s'être laissé manipuler et d'avoir, sur un ou deux points précis, notamment sur les salaires, travesti la vérité.

Le personnel de Mulfor s'est trouvé atteint finalement par ricochet, ce qui a créé un climat de grand malaise. Au même moment, des rumeurs couraient sur le possible transfert de l'usine sur un autre emplacement plus propice du point de vue économique.

Certains ouvriers, à l'instigation de l'inspecteur du travail, ont participé à des réunions avec des délégués d'autres entreprises dans la ville voisine, afin de renforcer leur information sur la législation du travail, qu'ils connaissaient en fait très mal. Un syndicat CFDT s'est créé et a obtenu satisfaction sur plusieurs points précis.

Jean-Pierre P..., qui était habitué à traiter avec un syndicat beaucoup plus actif dans son poste précédent, a pris la chose avec philosophie. Il accepte le syndicat comme un utile contre-poids. Un an après, tout semble rentré dans l'ordre — mais aussi dans la plus extrême discrétion.

LE PROBLÈME DES LIMITES

Quand on analyse ces efforts de transformation des rapports humains dans l'entreprise, on constate que les modèles idéaux sont impossibles à atteindre, mais que des progrès considérables peuvent être accomplis. Le problème essentiel devient donc celui des choix réalistes et de la prise de conscience des limites.

Nous avons vu, à partir du cas de la CIAPEM, l'importance des contraintes sociales et historiques tenant au contexte général et celles que constitue plus directement le système de relations, de communications et de pouvoirs hiérarchiques. Ces barrières existent chez Mulfor, bien que moins apparentes, mais le cas nous permet de mettre en évidence une autre limite très importante : la capacité des personnels intéressés à accepter le risque de l'engagement.

D'un côté, tout le monde aspire à un meilleur système de relations. Les doctrines à la mode se diffusent largement. Elles ne créent pas les aspirations nouvelles, mais permettent de les concrétiser. Au fin fond de la France rurale, on se plaint que les chefs ne savent pas communiquer. On est prêt à admirer un management capable d'animer, de permettre à chacun de s'épanouir et à l'entreprise de gagner.

Mais en même temps, on se sent vulnérable et on a peur. Non pas de « trahir la cause ouvrière », mais surtout — et beaucoup plus qu'autrefois — de se laisser manipuler.

Ce sentiment est double. Ce n'est pas seulement la peur de se « faire avoir » par les plus puissants, c'est aussi la peur de ne pas être à la hauteur, de se décevoir soi-même. Le risque de déception est à la mesure des attentes — qui sont immenses. Chaque fois qu'on s'efforce de changer réellement les choses, on ne peut pas ne pas jouer avec ces sentiments. Et ce jeu est forcément un jeu dangereux.

Les aspirations que l'on suscite, ou plutôt que l'on réveille, ou que l'on active, sont des aspirations individuelles. La réalité à laquelle on va se confronter, au contraire, est une réalité relationnelle. Que chaque individu aspire à la même harmonie coopérative ne signifie pas que cette harmonie soit réalisable. Car l'harmonie d'un système de relations n'obéit pas aux volontés individuelles. Non seulement le relationnel ne suivra pas, mais l'écart entre la réalité et le rêve, que la persistance des difficultés va creuser, sera plus douloureux à supporter que le maintien des confortables routines qu'on s'est aménagées. Le système hiérarchique cristallise cette difficulté. Mais on en fait un bouc émissaire trop facile, qui permet de s'épargner de se mettre soi-même en question.

Certes, le système hiérarchique résiste, mais sa résistance n'est pas le fait d'un encadrement et d'une maîtrise attachés à leurs privilèges. Elle est le fait de tout le système relationnel.

C'est pourquoi l'effet d'annonce est particulièrement dangereux. En effet, dans la mesure où il réussit — et il réussit beaucoup plus souvent qu'on ne croit — il déclenche une vague d'enthousiasme qui révèle et exacerbe les aspirations individuelles. Il transforme les premiers succès expérimentaux, limités, en solutions transposables immédiatement et partout. Alors qu'il n'a d'autre part, bien sûr, aucun impact sur le système relationnel. L'ambivalence profonde des acteurs de base va donc nécessairement éclater, suscitant les anxiétés, les retournements et un risque de régression générale. La pression sera d'autant plus forte que ces acteurs auront été mis en vedette.

Le cas de Mulfor est toutefois plus complexe et plus encourageant — puisque Jean-Pierre P... est finalement capable de reprendre l'effort de transformation de son usine. Mais il faut bien comprendre sa démarche. Il réussit parce qu'au fond il donne raison à ses critiques, accepte le syndicat, choisit la discrétion et *renie en pratique tout effet d'annonce*.

Cette leçon est probablement la plus difficile à admettre : se priver de l'effet d'annonce, c'est se priver de faire rêver, se priver du levier immédiatement accessible que constitue la capacité d'enthousiasme des gens. Qu'est-ce qui va éclairer, animer, sinon la voie ardue de la pratique ? Le retour aux valeurs et à la morale est finalement la seule façon de se passer de l'effet d'annonce. Si austère qu'il soit, ce choix est celui d'une société plus adulte. Il n'est pas indifférent de penser que dans ce monde quotidien, provincial et limité d'une petite usine, il puisse réussir.

8

LA GÉNÉRALE DE SERVICE INFORMATIQUE OU LE PASSAGE D'UN SEUIL

La Générale de Service Informatique représente un exemple remarquable, et très rare encore, du passage d'un seuil. Cette entreprise a réussi à faire évoluer son système humain au point de pouvoir effectivement mettre en pratique les trois principes d'organisation nouveaux : simplicité des structures et des procédures, autonomie très poussée des unités opérationnelles, développement d'une culture d'entreprise suffisamment forte pour corriger, dans une large part, les dysfonctionnements des règles et de l'ordre hiérarchique. Elle est animée par des dirigeants qui pratiquent effectivement la philosophie du management participatif et savent s'effacer derrière les opérationnels. Elle ne manque pas, bien sûr, de rencontrer de très nombreux problèmes, mais elle peut les surmonter sans mettre en question son système non bureaucratique.

On remarquera que cet exemple appartient à un secteur très particulier de services haut de gamme, peuplé d'un personnel d'ingénieurs et de techniciens apparemment plus facile à responsabiliser. Mais même dans ce secteur, la réussite de GSI en matière de nouveau management est exceptionnelle. L'histoire de cet apprentissage collectif est particulièrement révélatrice.

UNE ENTREPRISE DIFFÉRENTE

Il suffit de pénétrer dans les bureaux du siège social de GSI pour ressentir une différence de climat. Aucune distance, aucun apparat, point d'affairement mais de l'attention. Les bureaux sont convenables, mais petits, pour les dirigeants d'une entreprise de 2 300 personnes, haut de gamme et majoritairement composée de cadres.

GSI est une entreprise tout à fait typique de la société post-industrielle. Elle ne produit pas. Elle ne fait pas de commerce. Elle vend, bien sûr. Mais les services qu'elle vend ne sont pas des services préfabriqués, des conseils standardisés ou même des *software* en *package*, ce sont des solutions aux problèmes que le client doit résoudre pour utiliser les services informatiques dont il a besoin. GSI travaille donc avec ses clients. Son créneau en matière d'informatique, ce n'est ni le *hardware* ni le *software*, mais comme l'a dit son fondateur, Jacques Raiman, le *solware*, c'est-à-dire les solutions qu'elle va trouver pour des activités bien précises qui sont pour elle autant de métiers : la paye, le management des ressources humaines, le management industriel, la gestion automobile, les transports et les voyages, la prévision économique, le marketing, les technologies avancées, la banque et les services financiers.

GSI a eu, comme beaucoup d'entreprises d'informatique, un essor extrêmement rapide. Elle est passée de 100 personnes en 1971 (année de sa fondation) à plus de 2 000 personnes en 1980. Son chiffre d'affaires est passé dans le même temps de 6 millions à 780 millions de francs. Il était de 1 567 millions en 1988. Cette croissance n'a pas été acquise aux dépens de la rentabilité, puisque avec 13 % de progression du chiffre d'affaires de 1987 à 1988, l'entreprise dégageait près de 10 % de cash-flow.

Une première originalité toutefois : c'est une entreprise qui, depuis 1980, ne cherche plus la croissance en volume, et s'est volontairement laissé dépasser en taille par plusieurs de ses grandes concurrentes. Elle a voulu se spécialiser sur ses meilleurs créneaux, et elle s'y est affirmée comme le leader européen incontesté. Parallèlement, le chiffre d'affaires par employé augmentait considérablement, passant de 324 000 francs en 1981 à 670 000 en 1987.

Mais sa véritable originalité est dans son organisation, sa philosophie et son système de rapports humains, qui la différencient profondément, non seulement des entreprises de production de masse, mais aussi de la plupart des entreprises de services.

GSI n'a pour ainsi dire pas de services fonctionnels. Sa direction est particulièrement modeste. Le siège social de cette multinationale française abrite en tout et pour tout une vingtaine de personnes, dont neuf directeurs : le président, le directeur du marketing (qui a deux personnes avec lui et partage une secrétaire avec trois autres personnes), le directeur administratif (qui a un collaborateur et une secrétaire), un des fondateurs exerçant une fonction de conseil (qui partage une secrétaire avec le président), le directeur de la stratégie (qui partage une secrétaire avec le directeur général), un directeur « développement des réseaux et informatique de demain » et un directeur « gestion et conseil » (qui partage une secrétaire avec une autre personne). Chaque directeur — le président et le directeur général ne font pas exception — dispose d'un bureau de taille suffisante, mais modeste. A l'étage en dessous se tiennent le directeur général et les patrons des huit filiales correspondant aux huit métiers de GSI. Certains ont jusqu'à trois personnes avec eux, mais aucun ne dispose d'une secrétaire à temps complet.

On est particulièrement frappé de l'absence, dans cette entreprise de 2 300 personnes, d'une direction du personnel au sens habituel de la fonction : non seulement au siège, mais même dans les filiales. On estime en effet à GSI qu'il n'y a, en matière de personnel, que des problèmes particuliers de personnes et pas de problèmes généraux. Et que dès qu'on globalise, on ne répond pas aux vraies questions qui inquiètent les gens. Seul le chef direct, qui est sur le terrain en permanence, est habilité à prendre une décision. « La direction du personnel, par définition, est incompétente » : c'est la réponse, volontairement provocante, du directeur administratif à un syndicaliste qui lui demandait de prendre une décision concernant une salariée. « Connaissez-vous cette personne ? » « Non », a répondu le syndicaliste. « Moi non plus, alors comment voulez-vous que nous décidions pour elle ? »

Les services financiers centraux sont très peu étoffés. Les responsables de chacune des divisions font remonter chaque mois leurs résultats au siège, et les discutent en tête à tête avec leur patron. On ne croit pas à la vertu des chiffres bruts, mais à une vérité qualitative établie à partir des chiffres. Les chefs d'unité sont totalement responsables. Le rôle de la direction générale est de les responsabiliser et de les inciter à responsabiliser l'encadrement.

La philosophie est claire. Comme nous le dit le directeur administratif, « la direction réfléchit à la stratégie à long terme, choisit les dirigeants et n'intervient pas dans le quotidien... Il est interdit de court-circuiter, ce qui demande de grandes qualités de modestie... Au dernier séminaire que nous avons organisé, ni le directeur général, ni le président, ni moi ne sommes intervenus. Les directeurs de filiales et tout le personnel savaient que ce qu'ils disaient, nous le pensions... Un principe : toujours mettre en valeur ses collaborateurs, prendre plaisir à les entendre dire ce qu'on aurait voulu dire ».

La même philosophie tend, autant qu'il est possible, à s'appliquer aux clients, qui sont invités à discuter constamment du service et participent souvent activement à des séminaires internes.

L'HISTOIRE D'UN LEADER ET D'UN GROUPE

La création

GSI a un père fondateur, Jacques Raiman, dont l'aventure personnelle se confond avec celle de l'entreprise. Mais elle est aussi la création d'un petit groupe d'animateurs qui ont accompagné le fondateur depuis ses débuts et lui sont restés fidèles.

Jacques Raiman a songé à créer une entreprise de services informatiques au retour d'une année sabbatique en Californie, à Berkeley, en 1970. Il avait alors trente-sept ans. Il n'était en aucune manière un homme d'affaires ou même un homme d'action. Polytechnicien, ingénieur des Ponts et Chaussées, il se déclare économiste de métier. Parfait représentant de cette génération de polytechniciens des grands corps de l'État révélés à eux-mêmes, directement ou indirectement, par l'enseignement de Maurice Allais[1], et qui ont découvert ensemble le nouveau calcul économique et le modèle américain, il se spécialise dans la théorie de la décentralisation. Mais, ajoute-t-il maintenant, « je ne voyais la décentralisation que dans une perspective abstraite. Je travaillais sur les flux d'informations. J'étais incapable de considérer l'aspect moral du problème ». Dans le Ber-

1. Le prix Nobel d'Économie en 1988, qui a introduit le calcul économique moderne en France.

keley effervescent des belles années de la contestation étudiante, qui était aussi un grand centre d'innovation et d'expansion technologique et économique, il découvre les potentialités extraordinaires de l'informatique. Il perçoit tout de suite l'importance des entreprises de services informatiques qui commencent à se développer et s'opposent à la vision bureaucratique de la technologie.

A son retour, il décide de créer sa propre entreprise. Mais comme il n'y a pas en France de *venture capital* disponible, il choisit de travailler à l'intérieur d'une grande entreprise, la CGE qui a, à l'époque, le grand avantage d'être très décentralisée. Il lui est difficile d'amener ses patrons à ses propres vues. C'est alors qu'il rencontre Jacques Bentz, un autre intellectuel qui est en train de lancer une entreprise de conseils informatiques avec quelques amis. Jacques Bentz, jeune universitaire, chercheur insatisfait de la Maison des Sciences de l'Homme, est allé apprendre l'informatique appliquée au CEA, qu'il a quitté très vite par allergie aux grands systèmes bureaucratiques. Il cherche des clients, il trouvera un actionnaire en la personne de Raiman qui réussit en quelques mois à le convaincre de se vendre à la CGE et de participer avec lui à la création d'une filiale du groupe. Celle-ci sera définitivement lancée en 1971 avec un capital partagé entre d'une part deux banques, la Société Générale et le CCF, chacune pour 24 %, et d'autre part la CGE pour 52 %. Le président désigné par la CGE sera Georges Besse.

Le temps des cow-boys

L'objectif premier de GSI, à cette époque, c'est de vendre du service d'ordinateur en temps partagé. On achète un ordinateur très performant et on vend ses services à des entreprises moyennes qui ne pourraient pas se les payer, ou à de grandes entreprises qui ne disposent pas des moyens humains pour s'en servir de façon rentable.

Le succès est rapide. D'autres grandes entreprises ont créé des filiales à l'instar de la CGE. Mais elles sont généralement très déficitaires. GSI les rachète l'une après l'autre et passe ainsi de 100 personnes à plus de 2 000 personnes en moins de dix ans.

A quoi est dû ce succès ? « On nous créditait, dit Jean-François Cottin, directeur administratif, d'une capacité technique, d'un savoir-faire que nous étions les seuls à avoir. Nous savions faire marcher. En fait, notre supériorité, c'était notre mode d'organisation : nous étions vraiment décentralisés. Nous n'étions pas embarrassés par les règles... Par exemple, quand nous avons repris la filiale d'ITT, CFRO, il n'y avait pas moins de douze contrôleurs de gestion qui passaient leur temps à photographier les pertes en long, en large et en diagonale... Des rapports étaient publiés et envoyés à Dieu le Père du management outre-Atlantique, à travers des strates de techno-structure... Et tout cela bien sûr ne servait à rien. L'entreprise coulait. »

Raiman et ses amis suivaient pourtant ce qu'ils croyaient être le modèle américain. Mais pour eux, c'était plutôt le modèle des *cow-boys*[2]. Issus, pour la plupart, des services d'études et de recherche de l'Administration ou de grands constructeurs comme Bull et IBM, ils en avaient assez des grandes organisations. Ce qu'ils cherchaient en Amérique, c'était le non-conformisme. Un livre eut pour eux beaucoup d'importance, *Au-delà du management*, de Robert Townsend[3], le patron d'Avis. Raiman l'avait découvert en 1971 et l'avait fait lire à ses amis. C'est un livre humoristique, mais beaucoup plus pratique et agressif que celui de Peter et de son célèbre principe. Il est organisé comme un dictionnaire et à l'article « organigramme », on lit : « *rigor mortis* ».

2. C'est le terme qu'ils emploient encore maintenant quand ils parlent de ce récent passé.

3. Robert Towsend, *Au-delà du management*, Arthaud, Paris, 1970.

Le temps des cow-boys fut celui des rachats en France aussi bien qu'à l'étranger. Certains furent particulièrement marquants, comme celui de la filiale créée par Siemens Nixdorf, la Bundespost et AEG, ou celui de la filiale de la BNP, Natel. Cette époque s'achève à la fin des années 70 avec la transformation radicale du marché des ordinateurs.

Le temps de l'affirmation

Le changement du marché rendait obsolète la formule du temps partagé. Avec des ordinateurs désormais très bon marché, l'accès à une technologie coûteuse et difficile n'exigeait pas d'intermédiaire, sauf bien sûr du point de vue de l'élaboration du système d'organisation, afin de tirer le meilleur parti de l'outil dans le cadre des contraintes du métier.

En analysant la composition de leur chiffre d'affaires, les dirigeants s'aperçurent que leur seul véritable avantage vis-à-vis de leurs concurrents dans ce nouveau contexte tenait à leur plus grande proximité des clients et à leur meilleure capacité, de ce fait, d'exploiter les possibilités de la machine pour des métiers spécifiques. S'ajoutait à cela la disponibilité de leurs ingénieurs, et plus généralement de tous leurs employés, capables de faire des heures supplémentaires pour terminer à temps le contrat dont ils avaient la responsabilité.

De cette analyse, les dirigeants de GSI déduisirent plus ou moins explicitement trois choix stratégiques. Le premier était la concentration sur les métiers dans lesquels ils avaient développé une expertise suffisante pour s'affirmer vraiment comme les leaders. Jusqu'alors, c'était le chiffre d'affaires global qui importait — chiffre d'affaires qui permettait de rentabiliser des investissements lourds. Désormais, ce serait le métier et la qualité. Laissant à leurs concurrents le leadership de la croissance en volume, ils voulurent s'orienter vers un rôle de spécialistes de problèmes bien définis comme la paye, le contrôle financier, la prévision économique, etc. Aucun rachat désormais n'eut donc lieu en dehors de leurs métiers majeurs, mais au contraire quelques cessions d'activités dans les domaines où il ne paraissait pas possible d'être les meilleurs.

Ce premier choix peut aujourd'hui paraître classique : son originalité, c'est qu'il a été profondément lié à un choix d'organisation interne axé sur la valorisation des ressources humaines, et à un choix financier et stratégique d'indépendance par rapport aux bureaucraties dont GSI dépendait. Ces deux derniers choix à leur tour sont originaux dans la mesure où ils n'obéissent pas seulement à des motivations idéalistes, mais à une analyse sophistiquée des contraintes et opportunités du contexte nouveau. Les dirigeants de GSI avaient perçu à temps que, dans cette nouvelle orientation, la ressource humaine devenait encore bien davantage la ressource rare, et qu'il fallait lui donner la priorité, autant dans le système de gestion que dans l'organisation de l'indépendance financière.

Ces choix apparaissaient possibles et même naturels, car ils correspondaient à la philosophie dominante d'une entreprise de *cow-boys*. Ils renforçaient une réalité déjà solidement ancrée dans la culture de GSI. En fait, celle-ci se révélait à elle-même telle qu'elle était devenue. Elle se débarrassait d'un modèle américain dont ses dirigeants commençaient à apercevoir les faiblesses. La priorité donnée aux ressources humaines impliquait aussi des valeurs et une morale.

Jean-François Cottin, le directeur administratif, fit alors la connaissance d'un groupe informel de patrons, le Centre d'Études des Entreprises (CEE), qui militait depuis une vingtaine d'années déjà contre les conceptions bureaucratiques[4]. Avec son aide, et particulière-

4. C'est ce même groupe qui a inspiré, rappelons-le, le patron de Mulfor.

ment celle d'un de ses animateurs, Yves Tillard, les dirigeants de GSI s'employèrent à faire pénétrer dans toute l'entreprise une philosophie des rapports humains et de l'organisation qui était certes déjà présente dans sa culture mais qui, en s'explicitant et en s'épurant, allait se transformer profondément.

Une telle philosophie devait entraîner, à terme, un choix d'indépendance vis-à-vis de la maison-mère CGE. Celle-ci, en effet, devenue une entreprise nationale, faisait l'objet d'une nouvelle poussée de centralisation et de réglementation. A cette vague de reprise en main s'ajoutait la pression syndicale et politique, qui menaçait également l'autonomie de la filiale.

GSI fut sauvée par sa situation financière favorable et surtout grâce au soutien unanime de ses salariés, qui permirent de résister victorieusement à une série d'audits accusateurs. La tension entre CGE et GSI se termina finalement par le rachat de l'entreprise par ses salariés en 1987. La moitié d'entre eux sont actionnaires. Ils possèdent ensemble plus de la moitié du capital. Les banques amies sont minoritaires. Les dirigeants pensent qu'il y a désormais une cohérence entre le métier, le mode d'organisation, le rôle des membres de l'entreprise et la possession du capital. Ils se voient comme des *artisans-associés*.

UN MODE DE COMMUNICATION ET D'ORGANISATION ORIGINAL

La première caractéristique qui frappe à GSI, je l'ai déjà noté, c'est le climat d'activité détendue et de bonne humeur au travail. Les dirigeants croient au management participatif et prêchent d'exemple. Jacques Raiman pratique l'écoute et ne se met jamais en avant. Ses subordonnés affirment qu'il n'a jamais fait un discours de sa vie. L'équipe de direction a appris de la même manière à se mettre à l'écoute de ses patrons de filiale, qu'elle incite à se mettre, eux aussi, à l'écoute de leurs cadres et de leurs professionnels.

On peut dire que le modèle de la pyramide renversée popularisé par Jan Carlzon, patron de SAS[5], est ici pragmatiquement mais effectivement mis en œuvre. Mais si la rationalisation du modèle est beaucoup moins poussée et explicitée, sa pratique ne souffre pas du contraste, parfois choquant chez SAS, entre la philosophie prêchée par le grand homme et son comportement personnel imprévisible, flamboyant et facilement autoritaire.

Les deux axes d'une philosophie pratique

Comment les dirigeants de GSI diffusent-ils leur philosophie, et que devient celle-ci quand elle est mise en action ? C'est d'abord une philosophie de la décentralisation. Écoutons Jean-François Cottin, qui s'exprime en 1985 dans la revue *Ordinateurs* :

« Comment se fait-il que des gens qui arrivent dans une entreprise, pleins de bonne volonté, commencent au bout d'un certain temps à parler de leur société à la troisième personne ? Puis, après une phase de passivité, commencent à lutter contre leur entreprise au point d'en vouloir la mort ? Ce sont les systèmes de gestion centralisés des hommes dans les organisations qui fabriquent la passivité, la tricherie, la combine... et conduisent les entreprises à leur perte.

« L'employé, dans une organisation centralisée, constate très vite que son chef immédiat n'est pas à même de répondre à ses questions, de résoudre ses problèmes, par exemple une avance de salaire, une autorisation de sortie, parce que l'agent de maîtrise doit en référer à n échelons hiérarchiques. Ou bien que le cadre

5. Jan Carlzon, *Renversons la pyramide. Pour une nouvelle répartition des rôles dans l'entreprise*, InterÉditions, Paris, 1986.

ne sait pas comment intégrer une nouvelle technologie parce qu'il n'a pas l'information nécessaire... Le cadre lui-même en arrive très vite à ne plus prendre de décisions, parce que la hiérarchie, les services fonctionnels court-circuitent ses décisions.

« C'est l'organisation elle-même qui émascule son encadrement. Un exemple, la réduction du temps de travail décidée en 1981. Dans la plupart des cas, la chose a été discutée dans les entreprises entre les services fonctionnels et les organisations représentatives du personnel sans consulter les intéressés. On a saupoudré deux minutes par-ci, deux minutes par-là. Résultat : au lieu d'être contents de travailler moins et de manifester leur satisfaction, les gens, dans beaucoup d'entreprises, se sont mis en grève !

« A GSI, nous avons demandé aux responsables de toutes les filiales de faire en sorte que chaque échelon d'encadrement discute avec ses subordonnés immédiats pour savoir quand ils voulaient prendre leur heure.

« Quand une entreprise a une attitude intelligente avec ses employés, il est probable que ceux-ci auront une attitude intelligente vis-à-vis de l'entreprise et sauront, si l'intérêt général le commande, sacrifier momentanément des intérêts particuliers.

« Quand on veut gérer les gens de manière centralisée, on ne peut que les apprécier de manière centralisée. On est obligé de les manipuler. Résultat : l'absentéisme. On essaye de combattre cela par des primes de rendement. Résultat : baisse de qualité. »

A GSI, on a une véritable phobie de la règle centralisatrice : « La centralisation des tâches, poursuit J.-F. Cottin, entraîne la création de puissants services fonctionnels. La parcellisation des tâches, la bureaucratie se substituent aux relations personnelles, les pouvoirs sont dilués et pris par ceux qui n'en supportent pas les conséquences. Les règlements généraux, globalisants, tombent sur les gens et sont inévitablement inadaptés aux situations individuelles, qui sont par définition spécifiques. Les résultats sont désastreux : les gens se mettent à tricher pour rétablir la justice, plus personne n'est responsable. »

Cette philosophie est particulièrement pertinente pour des activités dans lesquelles les ressources les plus rares sont celles que constituent les concepteurs de logiciels. On ne crée pas des solutions nouvelles sur commande et bureaucratiquement. Les créateurs sont des individualistes forcenés. Ils ne peuvent être efficaces que dans la mesure où on leur assure le maximum de liberté et de soutien. Le mérite de GSI, en l'occurrence, aura été de comprendre l'importance de cette donnée, d'en percevoir toutes les conséquences et de créer un système de gestion qui permette d'y répondre le plus précisément possible.

La philosophie de la décentralisation est aussi une philosophie de la quotidienneté et du détail : « Ce qui tue un tissu social, ce ne sont pas les coups de hache, mais les petits faits qui se répètent et mitent ce tissu. » C'est enfin, et plus profondément peut-être, une philosophie de la confiance et du respect des personnes.

Trois critères seulement, nous dit-on, devraient être employés pour juger les subordonnés :

— Avez-vous tiré le meilleur de vos collaborateurs et de vos clients ?

— Comment vous êtes-vous comporté vis-à-vis de vos pairs ?

— Avez-vous contribué à faire grandir votre patron ?

Le critère de la réussite économique n'est pas nié, mais il vient comme confort ou preuve du reste.

A GSI, on est hostile à la réflexion habituelle en matière de motivation. On ne croit pas que les gens puissent être motivés de l'extérieur. Ils sont naturellement motivés. C'est l'entreprise qui les démotive par ses règles, par ses jugements impersonnels et arbitraires, par ses contrôles financiers.

Des évaluations sont indispensables, et d'ailleurs souvent demandées. Mais elles doivent permettre un échange qualitatif. A GSI, le contrôle financier s'effectue avec un grand respect pour les personnes. On a supprimé les séances publiques qui semblaient trop stressantes. La revue mensuelle des résultats se fait en tête à tête, ce qui permet les explications plus qualitatives et incite bien davantage à dire la vérité sur la situation. Cela permet aussi au patron de modérer l'arrogance de ceux dont les succès peuvent être dus à une conjoncture passagère, et de soutenir moralement ceux qui sont victimes des circonstances. Les réunions terrorisantes dont se servait Geneen, le patron-tyran d'ITT, pour tenir en haleine ses managers, constituent l'antimodèle et un véritable repoussoir pour GSI[6].

La cession récente d'une activité qui ne correspondait plus à un axe porteur pour GSI s'est faite en plein accord avec les intéressés, après une période de réflexion, de discussion, et comme un choix volontaire.

La philosophie de GSI, enfin, peut être considérée comme fondée sur la patience, la douceur et la persévérance. Pour autant, la gestion financière n'est pas le moins du monde laxiste. La clarté des rapports entre les unités opérationnelles et le centre va plus loin, par certains côtés, que ce qui est généralement de règle dans une entreprise qui ne se fie qu'au quantitatif. L'entreprise procure l'impression d'une grande rigueur. On croit profondément aux principes. On les met en œuvre dans le domaine de ses responsabilités directes, mais on attend que les nouveaux y viennent de leur plein gré. Ils doivent demander qu'on les aide à organiser le séminaire de formation — le traditionnel creuset de la culture GSI. On ne le leur imposera pas.

6. Harold Geneen tenait tous les mois des séances publiques où étaient examinés devant leurs pairs les engagements et les résultats de tous les responsables de centres de profit. Ces managers y allaient comme au supplice et en revenaient absolument traumatisés.

Bien sûr, la direction générale dispose de moyens. Mais ces moyens sont très différents de ceux que l'on trouve habituellement dans les entreprises progressistes. Il n'y a pas plus de direction de la communication et de l'information qu'il n'y a d'autres services fonctionnels. Pas plus de brochures que de prêches. On privilégie systématiquement la communication hiérarchique.

Si le premier axiome de la philosophie de GSI, celui de la décentralisation, paraît relativement classique, le second est plus inhabituel et peut même choquer. Il s'agit du respect de la hiérarchie : on valorise l'encadrement, et on le proclame. Naturellement, il ne s'agit pas de revenir à l'idéalisation du commandement et du chef, mais de prendre au sérieux la responsabilité des personnes. Un encadrement réel, croit-on, nécessite les qualités humaines d'un animateur. Mais personne n'est en mesure de manifester de telles qualités et de les utiliser pour le développement de l'entreprise et de ses membres s'il ne dispose pas de moyens, c'est-à-dire de pouvoir : un cadre responsable ne doit donc être à aucun prix court-circuité. Chacun doit être maître chez soi. Celui qui intervient ailleurs que dans son service doit être considéré comme hors-jeu. On accepte des dérogations, toutefois, selon la règle dite du casse-noix. La personne concernée peut faire intervenir le supérieur de son supérieur hiérarchique direct. A ce moment, les protagonistes régleront leur conflit à trois. On évitera absolument tout ce qui pourrait être compris comme un désaveu. La même règle prévaudra en ce qui concerne le client, quand par exemple celui-ci voudra court-circuiter l'ingénieur commercial et s'adresser au patron de celui-ci.

Cette philosophie s'applique plus particulièrement à l'information. L'encadrement doit devenir, ou redevenir, le vecteur privilégié d'une information orale et directe. En contrepartie, il est tenu de diffuser l'information et de répondre aux questions de ses collaborateurs sur-le-champ et avec franchise. Priorité est donnée au contact direct. GSI n'est pas une entreprise de tradition écrite : « *Vous ne trouverez pas un seul organigramme* », nous déclare-t-on avec fierté. Cela n'empêche pas les employés de savoir parfaitement qui est responsable de quoi dans l'entreprise. Nous avons pu le vérifier très largement dans les interviews que nous avons menées.

Même les financiers se plient à la coutume, malgré les difficultés que cela entraîne pour eux : « Pour nous, dit l'un d'eux, il y a normalement beaucoup de procédures écrites dans les structures classiques. A GSI, non. C'est difficile pour notre métier, mais c'est bien pour la culture GSI. Nous devons convaincre par le dialogue plus que par les écrits et par l'information. »

Cet encadrement qui informe est en même temps un encadrement qui, d'une certaine manière au moins, paie et évalue. Son pouvoir est donc considérable et donne un prix tout à fait différent à l'information qu'il diffuse. Et pourtant, il semble que ce pouvoir soit bien accepté et que la communication fonctionne mieux que dans la plupart des entreprises.

Voici quelques commentaires caractéristiques que nous avons recueillis : « Toute personne peut accéder à tout le monde. C'est devenu un état d'esprit qu'on trouve naturel... » « L'information se fait sur le tas... Si on ose poser des questions, on nous répond... » « Dans les unités, le bouche à oreille fonctionne très bien, notamment autour de la machine à café » (les machines à café sont très nombreuses, et gratuites, chez GSI)... « Tout le monde connaît les résultats de l'entreprise, sa rentabilité, rien n'est masqué. On essaie d'expliquer pourquoi la rentabilité a baissé — parce qu'on a investi dans des produits nouveaux par exemple. L'information est faite au cours des réunions organisées par chaque responsable. Les gens se sentent très impliqués... » « Dès qu'une personne a un problème, elle trouve toujours quelqu'un de responsable avec qui discuter. On peut donc réagir très vite à la situation qui se présente. »

Un mode de diffusion par imprégnation

Comment ces principes ont-ils pu se diffuser dans l'entreprise ? D'abord, répétons-le, ils correspondaient à un engagement personnel très fort des dirigeants, qui prêchaient d'exemple. Mais, depuis le grand tournant de l'entreprise au début des années 80 ainsi que la découverte du Centre d'Études de l'Entreprise et d'Yves Tillard, des procédures très particulières de séminaires ont été utilisées, qui ont fini par prendre une importance presque mythique dans la culture GSI.

Yves Tillard en est l'animateur. C'est un des rares permanents du CEE. Il travaille depuis vingt ans dans ce domaine. Il ne propose rien de didactique, ni même de structuré, mais anime une discussion à partir de cas très simples. Le noyau est constitué par des sortes d'apologues dont le plus célèbre est celui du clou et du marteau, qui est devenu en quelque sorte le symbole de la culture GSI et son principal mot de passe : quand on confie à quelqu'un des responsabilités (le clou), il faut lui donner aussi des moyens (le marteau) qui leur soient proportionnés. « Si je vous donne un clou sans vous donner le marteau, je finirai par vous taper sur les doigts, et vous lâcherez définitivement toute responsabilité », résume le directeur administratif. Nos interviewés à GSI évoquent très souvent et d'eux-mêmes le principe du clou et du marteau.

Ces séminaires de deux jours se préparent avec précaution et se mènent pas à pas. D'abord, le directeur suit seul un stage dans une autre unité. Il décide ensuite quand son équipe suivra à son tour un stage spécifique, auquel il participera lui-même. Un membre de la direction générale sera systématiquement présent. Ces stages sont très pragmatiques. Tillard utilise une multitude d'exemples pris dans la vie des entreprises, que chacun n'a pu manquer de rencontrer déjà. Les valeurs humaines universelles, contrebalancées par une forte dose d'humour, constituent le fond du message philosophique. L'originalité tient en fait dans l'application pratique qui en est suggérée. L'échange généralisé entre participants, et entre animateurs et participants, peut s'apparenter à une relation de conseil.

Un séminaire n'est organisé que si les responsables sont volontaires et sont capables de faire partager leur engagement par leurs subordonnés. Mais la pression générale est si forte que finalement, avec des retards qui ont pu aller jusqu'à deux ans, presque tout le monde y est passé.

Les responsables de GSI affirment que le modèle qu'ils emploient a une valeur universelle. Ils l'utilisent, déclarent-ils, avec grand succès dans tous les pays où GSI a des filiales: Espagne, Italie, Suisse, Allemagne, Grande-Bretagne, et même États-Unis, et espèrent pouvoir l'implanter au Japon.

Les commentaires des employés sont très majoritairement favorables : « Tillard met de l'huile dans l'organisation... » « C'est un mec super, exceptionnel sur le plan personnel. Sa vision colle avec les différents métiers. Il détient pas mal de clés... » « Cela permet de connaître, d'échanger, c'est autonettoyant. A chaque séminaire on apprend des choses. »

Le scepticisme, bien sûr, se manifeste de temps en temps, mais il est toujours assorti d'un préjugé favorable: « C'est simpliste, ça a le charme du patronage, mais ce n'est pas désagréable... » « Au bout de la troisième fois, on subit Tillard. Mais c'est bon pour les nouveaux... » « C'est un effet de Club.... » « C'est bon pour ceux qui rentrent, la trame Tillard reste. »

Le terme « tillardisation », en tout cas, est devenu un mot de passe pour le personnel de GSI.

A côté des séminaires Tillard, GSI a lancé, à partir de 1982, un très considérable effort de sensibilisation du personnel autour du concept de qualité totale. Trois consultants à plein temps ont été désignés. Cette *dé-*

marche qualité a connu les mêmes difficultés que dans toutes les entreprises. Mais ses promoteurs ont réussi à les surmonter et il est intéressant d'analyser leur démarche.

Malgré les conseils et le plan de formation mis en place par un consultant extérieur très renommé, la cinquantaine de cercles de qualité lancée entre 1983 et 1985 auprès de la base de l'organisation s'essoufflait rapidement. Les consultants internes ont décidé de faire le point sur ce qu'ils considéraient comme un échec. Ils ont établi un triple constat. Tout d'abord, les modifications de structure, très fréquentes à GSI, constituaient un obstacle important. Lorsqu'une unité change de configuration ou de taille ou acquiert un nouveau patron, la dynamique du cercle de qualité ne peut pas se perpétuer. En second lieu, les patrons n'avaient pas intériorisé les éléments de méthode indispensables pour donner un soutien pratique. Enfin, et peut-être surtout, l'encadrement intermédiaire n'entrait pas dans la démarche, ce qui aboutissait à lui faire obstacle[7].

De cette analyse sont nés un nouveau concept, celui de cercle de pilotage, et une nouvelle organisation, fondée sur l'articulation cercles de pilotage-cercles de qualité classiques.

Le cercle de pilotage réunit le patron et son encadrement dans des sessions régulières de travail, animées par un des consultants internes, et qui obéissent à un déroulement régulier :

1. informations générales sur GSI et sur l'unité en question ;
2. tour de table où sont discutés tous les événements de la période ;
3. quelques problèmes sont soulevés qui sont analysés

7. Ce phénomène reproduit naturellement celui que nous avons examiné dans le précédent chapitre. On le retrouve presque à l'identique dans les douze cas examinés en détail par Françoise Chevalier dans sa thèse de doctorat : *La Véritable histoire des Cercles de Qualité*, HEC, 1989.

pour déboucher sur des prises de décision et l'élaboration de plans d'action à court terme ;

4. on fait le point des actions décidées lors de la session précédente.

Les cercles de pilotage sont permanents, et ce sont eux qui ont, en fait, la charge d'entretenir les cercles de qualité. Ces derniers sont des groupes de résolution de problèmes *occasionnels*, réunissant des gens motivés, compétents et responsables, mais en même temps volontaires. Ces cercles se forment au gré des problèmes rencontrés, et se défont lorsque ceux-ci ont été résolus. Ils sont animés par les consultants internes ou par des managers. Des résultats beaucoup plus encourageants ont été atteints.

GSI est maintenant engagée dans la troisième étape de ce processus, qui concerne les clients. Il s'agit, selon les mêmes méthodes, de faire participer le client à l'amélioration de la qualité du service qui lui est rendu. La réaction du client est généralement favorable, et sa contribution souvent excellente du point de vue pratique.

Notons enfin que tout ce processus, s'il est mené avec une grande persévérance, n'est pas systématique. Certaines entités de GSI n'ont pas dépassé le stade de la « tillardisation », d'autres mettent seulement en place des cercles de pilotage, alors que d'autres sont arrivées à faire fonctionner beaucoup de cercles de qualité et que certaines sont déjà fortement engagées dans le développement de cercles-clients.

Une réaction généralement très favorable

Certes, on rencontre du scepticisme, mais beaucoup moins que dans les entreprises dont nous avons décrit les efforts au chapitre 5. Dans ce milieu « intellectuel », d'un niveau culturel élevé, on aurait pu s'attendre à un scepticisme beaucoup plus fort.

Si l'on reprend dans leur ensemble les réactions des

interviewés devant nos enquêteurs (quarante entretiens en juillet 1987, quinze entretiens en juin 1988), on est frappé par leur tonalité très positive, mais en même temps uniformément modérée. Nous avons affaire à des gens qui semblent bien dans leur peau, qui apprécient raisonnablement le climat et les chances de l'entreprise, mais ne rêvent pas. « Des améliorations sont en cours... On se sent plus libre, plus jeune, plus responsable et plus autonome qu'avant... » « GSI est une force de proposition organisationnelle. »

Pourtant, l'organisation a beaucoup bougé : « Tous les ans, il y a des restructurations. En trois ans, notre entité a changé je ne sais combien de fois de nom. »

Le rôle de la hiérarchie est valorisé dans ces difficultés : « C'est une équipe restreinte qui a un côté challenge, qui y croit beaucoup, qui est passionnée... » « GSI fait partie des rares boîtes où on peut compter sur les personnes... Elle est un peu à part grâce au style de management et à la personnalité des dirigeants... Le patron accorde une grande place aux collaborateurs. »

Mais la plupart de nos interviewés ne manifestent qu'un enthousiasme très raisonnable : « Ce n'est pas la société idéale, d'ailleurs il n'y a pas de société idéale... De façon générale, il y a un très bon état d'esprit, mais pas de culte de l'entreprise. »

LIMITES DE L'EXPÉRIENCE ET POSSIBILITÉS DE DÉPASSEMENT

La description de l'expérience GSI peut paraître, à première vue, bien idyllique. Mais les faits sont là : les résultats financiers sont constamment bons sur le long terme. Et les résultats humains surprennent quiconque connaît la réalité sociale. Le personnel est globalement très satisfait, mais surtout il manifeste capacité et intérêt pour développer l'entreprise, et il a été fortement volontaire pour investir dans son rachat.

Ces succès prennent leur véritable dimension quand on sait qu'ils ont été obtenus grâce à de très longs et patients efforts, et à travers plusieurs échecs. Certes, la recette est simple. Mais il faut se souvenir qu'il est beaucoup plus difficile, comme nous l'avons vu précédemment, de faire simple que de faire compliqué.

La réussite tient surtout à la très remarquable bonne volonté et à la disponibilité d'un personnel tout prêt à accepter les erreurs et les imperfections de l'entreprise dans la mesure où il s'est engagé dans l'amélioration de son fonctionnement. Il ne s'agit pourtant pas d'une situation exceptionnelle. Malgré leur scepticisme et leur tempérament frondeur, les Français sont en effet beaucoup plus disposés à modérer leurs impatiences, à tolérer les échecs partiels et à s'engager dans l'aventure du développement quand ils ont conscience d'avoir en face d'eux des dirigeants qui s'engagent dans cette voie et veulent sincèrement les aider à réussir.

Bien sûr, il existe encore des poches de résistance, des entités qui, dans cet ensemble, n'obéissent pas aux règles et à la morale commune. D'autres qui ne s'y engagent que partiellement. Ces retards sont dus à la tolérance des dirigeants, qui tiennent à ce que chaque entité soit volontaire dans son engagement. Mais cette liberté laissée à chacun constitue un instrument de pression, à terme, beaucoup plus efficace que les contraintes autoritaires classiques.

Les dirigeants de GSI n'apparaissent pas comme des idéalistes, cherchant avant tout à réaliser leur rêve. Ce sont, dans une large mesure, des sceptiques capables d'accepter l'incertitude et l'instabilité. Les unités sont en perpétuelle restructuration. Le système vit dans une sorte de mouvement brownien. Et c'est à travers ce mouvement que les principes sont transmis sans qu'autonomie et souplesse soient perdues.

L'état d'esprit inculqué ainsi par le noyau directorial à tout l'encadrement et indirectement au personnel, état d'esprit fait de modestie, de patience et de tolérance a aussi un autre avantage. Il permet de découvrir les problèmes dans leur aspect humain, profond, et donc, à terme, d'avancer plus vite. On en a un bon exemple dans la procédure informelle suivie en matière de cercles de qualité. Toutes les analyses menées à ce jour montrent qu'au bout d'un certain temps — au maximum deux ans — ces expériences s'essoufflent et que généralement elles sont abandonnées. Le même phénomène se reproduit à GSI, mais on est capable ici de le comprendre à temps, de l'analyser et de trouver un second souffle[8]. Les difficultés des cercles de qualité ont conduit aussi à repenser certains aspects du rôle de l'encadrement.

Toutefois, on peut discerner une certaine inquiétude chez les dirigeants de GSI. Ils pensent, semble-t-il, avoir atteint un palier, et s'interrogent sur les limites et la vulnérabilité de leur expérience. D'où leur intérêt pour les voies nouvelles qu'ils entrevoient maintenant. Trois orientations paraissent prometteuses dans la mesure — c'est mon interprétation — où elles permettent l'apprentissage de nouvelles capacités collectives de l'entreprise.

La première, j'en ai déjà parlé, concerne les cercles de qualité clients. Graduellement, ils peuvent créer une capacité de coopération extrêmement bénéfique pour l'entreprise. Ils permettent aussi, probablement, de contrecarrer l'évolution naturelle de tout système humain autogestionnaire vers une vision corporative de ses activités.

La seconde voie est celle de l'investissement culturel dans les pays étrangers. GSI n'achète plus, ou rarement, des entreprises nouvelles en France, mais pense éventuellement à reprendre son expansion en Europe et aux États-Unis. Elle croyait se heurter dans cette perspective au phénomène des différences de culture. Sa grande

8. D'autres entreprises y ont également réussi, mais elles sont minoritaires. Voir Françoise Chevalier, thèse citée supra.

découverte, c'est que ses principes sont tout aussi opératoires dans ces contextes pourtant si différents. La réussite d'une série de séminaires Tillard en Angleterre est considérée par exemple par ses dirigeants comme un succès très important.

La troisième orientation intéressante est apparue dans sa manière de travailler avec le *Boston Consulting Group*, consultant de l'entreprise en matière de stratégie. Remarquant que les conseils très intéressants mais très sophistiqués du BCG avaient beaucoup de mal à passer auprès de l'encadrement et du personnel, la direction de GSI et le BCG se sont convaincus qu'il fallait former tout l'encadrement à la réflexion stratégique. Au bout de longues réflexions, le BCG a accepté de tenter cette opération très coûteuse qui mobilisait un très grand nombre de personnes chez GSI et au BCG. La réussite, selon GSI, justifie pleinement l'investissement : la richesse d'informations qui est sortie de l'expérience paraît aux deux partenaires tout à fait inattendue et d'une très grande valeur opérationnelle pour la mise en application mais aussi, indirectement, pour l'élaboration d'une stratégie. L'encadrement a intériorisé les concepts stratégiques et en tient mieux compte dans toutes les petites décisions quotidiennes. Il est en mesure, en outre, de signaler des opportunités nouvelles, ce qui peut devenir décisif pour le développement de l'entreprise. BCG, finalement, se déclare passionné.

On peut enfin s'interroger sur la vulnérabilité d'une expérience encore bien isolée dans le monde du business. On perçoit à travers les propos et les questions des dirigeants une interrogation fondamentale. Une société, un milieu hostiles peuvent-ils longtemps porter une expérience d'une certaine façon tout à fait étrangère à la culture dominante ? Faut-il tenter de la généraliser, et à quelles conditions peut-on le faire ? Deux réflexions possibles semblent devoir émerger.

D'abord, dans toute situation difficile, les attaques de

l'extérieur provoquent des réactions de défense naturelles qui contribuent à développer une identité nouvelle et plus forte. C'est dans les difficultés des années 1982-1985 que la nouvelle GSI s'est affirmée. En lutte contre les pressions rationalisatrices du groupe industriel auquel elle appartenait, et aux attaques syndicales, puis politiques, de l'extérieur, GSI n'a dû sa survie qu'à la solidarité très forte de son personnel. Ce qui a déterminé le changement de statut financier grâce auquel la majorité du capital a pu être rachetée par les salariés. Une protection efficace a ainsi été établie contre les tentations de vente ou d'échange des groupes propriétaires, et contre les attaques des raiders. GSI est une entreprise farouchement hostile à ce genre d'opérations. Les précautions qu'elle a prises ne diminuent pas seulement sa vulnérabilité financière, mais contribuent à lui donner une identité morale beaucoup plus forte.

La deuxième voie de réflexion concerne les caractéristiques des milieux dont GSI, et particulièrement ses dirigeants, font partie. Deux d'entre eux sont particulièrement intéressants pour l'avenir : le petit milieu d'entrepreneurs de tradition morale et catholique à l'origine du Centre d'Études des Entreprises, et le milieu des services informatiques. On néglige beaucoup trop, dans l'examen des expériences nouvelles, le soutien qu'apportent des groupes militants politiques, philosophiques ou religieux. Les dirigeants de GSI y ont puisé les ressources morales qui leur ont permis de prendre leur second souffle des années 80[9].

Quant aux services informatiques, c'est un milieu effervescent, actif, qui est depuis longtemps, malgré les hauts et les bas, un foyer d'expansion continue, de découverte et d'innovation. L'expérience de GSI, si originale qu'elle soit, n'y apparaît pas en fait tellement

9. Des expériences comme celles de Gilbert Trigano et André Essel, par exemple, doivent beaucoup à l'existence d'une culture gauchiste liée à une certaine tradition juive.

insolite car tout le monde se rend compte que c'est grâce à l'utilisation de la ressource humaine que l'innovation, à terme, sera la plus payante.

Dans un tel contexte, l'expérience de GSI apparaît beaucoup moins isolée. Même si elle devait échouer ou s'affadir, sa contribution ne sera certainement pas perdue.

9

L'APPRENTISSAGE DU FUTUR

UN MESSAGE FORT

De l'examen de ces études de cas, et des résultats des enquêtes que nous avons présentés, le même message fort se dégage : un nombre croissant de patrons et de responsables sont conscients qu'il est désormais indispensable de transformer profondément le système d'organisation, le modèle et la logique de fonctionnement des entreprises. Une minorité active s'y emploie passionnément. Ses succès démontrent qu'il est possible de réussir et que l'effort est très largement payant. Les difficultés, en revanche, sont considérables et il n'y a pas de formule *a priori* pour les surmonter.

Cet engagement ne doit pas être pris à la légère, comme s'il s'agissait, une fois de plus, d'une mode passagère. Si l'on peut parler de message fort, c'est qu'à travers les vagues successives de la mode se dégagent, de façon encore incertaine mais déjà perceptible, les premiers éléments d'un nouveau système de raisonnement capable de répondre aux mutations que ne peuvent éviter nos sociétés.

Le changement intellectuel est premier. Il n'est certes pas suffisant et entraîne beaucoup de risques d'illusion rhétorique et de déceptions. Mais il constitue un premier pas indispensable. Devant les problèmes et les angoisses qu'imposent les transformations du monde, ni les patrons, ni les cadres ne se replient sur les certitudes anciennes comme ils le firent si longtemps. La réceptivité nouvelle que l'on rencontre chez eux constitue le meilleur climat de soutien à l'innovation et au développement.

Des innovations existent, qui sont désormais mieux acceptées et mieux comprises. Certaines sont spectaculaires. Elles montrent que les conditions sont là, qui permettent le changement. L'impact des réussites est d'autant plus fort que ces innovations, à la différence des expériences idéalistes anciennes, se développent au cœur même du système marchand et capitaliste, et ne dépendent pas d'une passion sociale et politique exclusive.

D'autre part, il n'existe aucun modèle pré-établi, aucune technique exclusive, aucune formule *a priori*. Ce qui compte, ce n'est pas l'objectif précis que l'on vise, mais le cheminement, le développement, les voies à ouvrir. Nous sommes aux temps de l'aventure, de la patience et du courage : l'époque des modèles sophistiqués de planification et de contrôle est révolue.

Le soutien que les innovateurs ne trouvent plus dans l'idéologie, ni dans les illusions scientistes du management, ils le trouvent dans une philosophie de la confiance et de l'ouverture — confiance dans les hommes, ouverture du système.

Mais ce qui semble manquer le plus, c'est une connaissance plus réaliste des rapports humains et des systèmes qui les conditionnent. On ne peut faire évoluer facilement un système humain que si l'on s'appuie sur les ressources qu'il offre. Et on ne peut connaître ces ressources que si l'on est capable de comprendre en profondeur le système à l'intérieur duquel elles se développent.

LE PROBLÈME

Dans une période de mutation aussi profonde, alors que les pratiques et les modes de raisonnement sur lesquels nous avons vécu apparaissent de plus en plus inadaptés, notre tâche ne peut plus être de conservation et d'amélioration, mais doit être de renouvellement et même d'invention. Paradoxalement, nous nous sentons beaucoup plus responsables qu'auparavant du futur que nous contribuons à créer, mais nous sommes beaucoup moins capables d'en préciser la configuration. Les mutations antérieures avaient été plus lentes, et souvent trop confuses pour que les hommes en aient vraiment conscience et s'en sentent responsables. Certes, elles engendraient des réactions violentes — crispations conservatrices ou délires révolutionnaires. Nous sommes dorénavant de plus en plus forcés au réalisme, mais c'est un réalisme sans contours et sans modèle. Nous ne trouvons dans le passé ni code, ni livre de référence, ni mentor. C'est sur nous-mêmes qu'il nous faut prendre appui. Ce sont nos valeurs et nos capacités qui deviennent nos seules ressources.

Nous avons jusqu'à présent vécu sur des métaphores d'architecte. Il s'agissait de bâtir la cité idéale ou du moins la cité terrestre de demain. Une cité comme une maison se bâtissent, croyions-nous, pierre à pierre, à partir d'un dessin, d'un plan. D'où la passion qu'ont suscitée, que suscitent encore plans, programmes et projets de société.

Ces métaphores n'ont plus de pertinence. Elles sont même dangereuses. Un chef d'entreprise, pas plus qu'un homme d'État, n'est un architecte. La maison est un objet qui nous est extérieur. La société, tout comme une entreprise, ou tout autre institution humaine, ce n'est pas un objet extérieur, c'est nous-mêmes. La création de l'avenir, le développement d'une société ou d'une organisation, c'est d'abord la transformation des personnes qui la composent, ou plus exactement des rapports qu'elles ont entre elles, et du système de règles, d'échanges et de coutumes qui leur permet de vivre et de vivre mieux.

Comment est-il possible de se transformer soi-même ? C'est le *concept d'apprentissage* qui me semble en rendre le mieux compte. Nous ne construisons pas la société de demain, nous *apprenons* à nous comporter différemment, à établir entre nous des rapports plus fructueux.

Si nous regardons en arrière, nous constatons que c'est bien ce qui s'est passé pour la société française, dans les vingt, trente ou cinquante dernières années. Les illusions qu'entretenaient les auteurs de plans, les concepteurs de projets de société et les commentateurs des systèmes de pensée les plus sophistiqués ont polarisé l'attention, et se sont affrontés sans avoir vraiment marqué la réalité. Mais, en l'espace d'une génération seulement, nous sommes devenus différents. Nous avons effectivement appris à nous comporter autrement, à être plus libres, plus tolérants, plus ouverts à autrui. Nous n'en sommes pas pour autant plus heureux et ces transformations, qui n'ont pas que de bons côtés, peuvent être critiquables. Mais cet apprentissage a été notre principale responsabilité. Nous devons en prendre conscience si nous voulons mieux réussir notre avenir.

Cette idée est difficile à admettre car nous sommes obnubilés par la tradition récente, mais très contraignante, de l'école. Nous croyons que pour apprendre il faut un livre, un savoir préalable et un maître pour l'expliquer. Mais l'apprentissage se fait aussi à travers des cycles d'essais-erreurs. Des comportements, des modes de relations nouveaux émergent, se stabilisent et se fixent pour un temps s'ils sont efficaces. La fatalité de la reproduction n'est pas nécessaire, elle n'est — heureusement — pas totalement régnante, même dans le système d'éducation sclérosé qui est encore le nôtre.

Si nous plaçons le concept d'apprentissage au centre de la réflexion sur le développement de la société, nous discernerons plus clairement nos responsabilités dans cet effort indispensable de soi sur soi qui est l'honneur de l'espèce humaine. En effet, aucun être humain, aucune institution ne peuvent s'arroger la mission de forcer autrui à se diriger mieux pour devenir plus efficace. Mais chacun d'entre nous a la responsabilité d'utiliser sa liberté pour contribuer à créer les conditions de cet apprentissage. Ce faisant, nous apprendrons nous-mêmes à nous transformer et à nous développer.

LA DÉCOUVERTE D'UN AUTRE COLLECTIF

L'apprentissage du futur ne peut se faire que collectivement. Un des problèmes de cet apprentissage est le passage de l'individuel au collectif. L'apprentissage individuel est facile quand il s'agit de reproduire un modèle. Mais quand il s'agit d'un comportement nouveau, il n'est généralement possible de le développer et de le fixer que si les partenaires de celui qui change changent eux aussi, de sorte qu'ils puissent au moins accepter son nouveau comportement. En fait, tout apprentissage réussi implique un changement, non seulement des règles du jeu, mais aussi de la nature du jeu. On ne peut être ouvert et communicatif avec autrui que si l'on ne risque pas d'être la victime de partenaires qui continuent, eux, à jouer le jeu du secret et de la défense. Pour que le comportement nouveau émerge, il faut que l'ouverture à la coopération et à la communication soit récompensée, ou au moins ne soit pas punie[1].

1. Dans un livre théorique de sociologie, nous avons étudié les conditions du succès de ce passage. On pourra se reporter à Michel Crozier et Erhard Friedberg, *L'Acteur et le Système*, Paris, Le Seuil, 1976.

Cette importance que je donne au collectif pourra surprendre de la part de quelqu'un qui s'est toujours opposé au mythe « collectiviste » qui a profondément marqué nos sociétés occidentales. Nous avons été victimes d'une très dangereuse et fausse conception du collectif. La victoire, en apparence universelle aujourd'hui, de l'individualisme, va nous forcer à en prendre enfin conscience. Elle ébranle jusqu'aux citadelles les plus retranchées de l'idéologie collectiviste et du mythe communautaire mais fait redécouvrir l'importance primordiale du tissu social dont l'individu ne peut se passer. Ce tissu social est collectif. C'est un ensemble de relations, d'interactions et d'échanges organisé. Sans lui, l'individu ne peut plus vivre, ni affectivement, ni même dans l'ordre de l'instrumental et du rationnel.

Ce collectif, toutefois, est profondément différent de l'image qu'on en avait, non seulement à travers l'idéologie « collectiviste », mais même à travers les groupes et catégories auxquels la société bureaucratique, corporative et syndicale nous a habitués. Le collectif ancien était un collectif de défense, essentiellement fondé sur la priorité d'acteurs catégoriels abstraits et sur une conception étroite du pouvoir et de la répartition des ressources. Il conduisait à un jeu à somme nulle, dans lequel ce que l'un gagne, l'autre le perd[2]. Seul le progrès technique permettait de donner un peu de respiration à l'ensemble, c'est pourquoi on le valorisait tellement. C'est pourquoi aussi on célébrait avec une telle ardeur l'investissement matériel, premier devoir de l'État et des entrepreneurs. Une autre dérive inéluctable de cette conception du collectif, c'était l'égalitarisme et en même temps, paradoxalement, le maintien d'une société stratifiée et hiérarchisée. Partout le collectif, croyait-on, devait primer sur l'individuel dans une perspective de

2. Même si, dans la pratique quotidienne, dominée depuis longtemps en France par la montée de l'individualisme, un tout autre jeu prédominait.

défense contre les supérieurs hiérarchiques, l'État, les clients et le monde extérieur. En conséquence, la solidarité de catégorie interdisait à l'individu des arrangements séparés à son bénéfice, car ces arrangements diviseraient le groupe et l'affaibliraient. L'égalité entre tous devenait aussi un idéal, sinon même le mythe fondateur de la société moderne. Mais c'était en même temps un mythe fallacieux : le combat pour l'égalité au sein d'une catégorie étant devenu un principe d'organisation, le respect de ce principe entraînait inéluctablement le maintien des différences entre catégories et la perpétuation d'une société stratifiée et conservatrice. Donc, aussi, le maintien du principe hiérarchique, indispensable à un minimum d'efficacité.

Le collectif nouveau, implicite dans le concept d'apprentissage collectif, est fondé sur des raisonnements opposés. C'est un ensemble ouvert, dans lequel influences, pouvoir et différences sont acceptés. Il doit conduire à l'établissement d'un jeu à somme non nulle, dans lequel l'innovation est possible et peut même être récompensée. Le rapport entre les notions d'apprentissage, d'innovation et de collectif nouveau est extrêmement étroit. Changer de raisonnement est indispensable pour pouvoir apprendre ensemble d'autres jeux plus épanouissants pour l'individu et plus efficaces pour la collectivité. Mais ces jeux ne peuvent pas être imposés. Ils doivent être découverts et appris par les participants, même si des innovateurs en ont créé les conditions.

Dans cette découverte le cheminement est plus important, et plus clair, que le but. Le but, on ne peut pas le fixer à l'avance. Une orientation, en revanche, est indispensable, mais elle doit rester souple pour ne pas engendrer un processus de commandement et de fermeture hiérarchique. C'est le cheminement qui doit se clarifier, à partir d'une connaissance et d'une évaluation des progrès accomplis.

Si l'on s'en tenait à la métaphore de la construction,

cette vision nouvelle serait inapplicable. Le bâtiment, en effet, ne serait jamais terminé, les objectifs jamais atteints et les plans jamais respectés. Si l'on adopte le concept d'apprentissage collectif, les résultats atteints peuvent être mesurés qualitativement en perspective, en comparaison avec l'état ancien. Le but ultime n'est pas de notre responsabilité, mais seulement les progrès accomplis ici et maintenant.

L'apprentissage collectif, enfin, s'effectue dans le quotidien. Il implique un renversement de notre hiérarchie et de notre attention. La fascination pour la décision personnalisée, toujours entendue comme un acte volontaire du sommet, nous empêche de voir la réalité humaine. Le relais des médias a malencontreusement relancé et renforcé cette passion si largement répandue et pourtant, me semble-t-il, anachronique. Nous devons réapprendre le quotidien et en fait, tant bien que mal, nous le faisons.

L'INDISPENSABLE BESOIN D'ÉCOUTE

L'entreprise est le lieu privilégié de l'apprentissage collectif. C'est dans l'entreprise, en effet, qu'elle soit associative, administrative, ou simplement capitaliste, que l'homme se mesure réellement au résultat de l'effort de coopération qui fait la société. C'est là qu'il découvre, en même temps que le principe de réalité, des opportunités de développement et de changement dans ses rapports à autrui. C'est là qu'il peut expérimenter des jeux nouveaux et en comprendre les résultats.

Mais l'entreprise, c'est aussi ce que je viens d'appeler le quotidien. L'écoute, l'attention portée au quotidien, constituent une priorité absolue dans tout effort de mobilisation des ressources humaines ou de modernisation de l'entreprise. Si l'on accepte l'idée simple qu'on ne peut changer les rapports humains par les ordres ou par les règles, ou même par un effort d'enthousiasme persuasif, la connaissance concrète des réalités vécues par les acteurs *opérationnels* devient indispensable. Paradoxalement, tant que l'on est persuadé de la supériorité du modèle que l'on veut mettre en œuvre, il est beaucoup plus facile de commander en refusant de savoir.

La référence aux valeurs ne peut offrir de substitut à cette connaissance, car les valeurs n'ont de portée pratique que dans leur mise en œuvre. Or cette mise en œuvre ne peut se faire de façon catégorique et déductive. Dans l'application au réel, des valeurs diverses et également contraignantes entrent inéluctablement en opposition. Comment trancher entre les valeurs d'égalité, de démocratie et d'efficacité auxquelles tout le monde est plus ou moins attaché ? C'est dans la pratique, à la base, que des arbitrages acceptables peuvent être effectués, arbitrages qui tiennent compte des contraintes du contexte, de la nature du jeu joué entre les participants et de leurs capacités à coopérer équitablement. Seule la connaissance qu'apporte l'écoute peut permettre d'éclairer ces arbitrages, d'approfondir les valeurs qui leur sont sous-jacentes et de créer les conditions qui peuvent favoriser leur solution par les intéressés.

Cette connaissance n'a rien à voir avec celle que l'on tire de ces véritables caricatures d'écoute que nous offrent, de plus en plus, les sondages d'opinion. Détachées de leur contexte, les réponses des intéressés aux questions abstraites qu'on leur pose sont nécessairement superficielles et parfois même rhétoriques. La connaissance pertinente se différencie aussi de celle que peuvent faire émerger les études de motivation, car celles-ci nous renseignent davantage sur les problèmes personnels des individus que sur ceux que leur posent la coopération avec autrui, le fonctionnement de l'entreprise et les jeux de pouvoir auxquels les hommes sont confrontés. La véritable écoute pertinente est celle de la vie relationnelle de tous les jours. Les enquêtes qualitatives, décrivant la façon dont cette vie est réellement vécue, nous en révèlent l'importance et nous en donnent les clefs.

Cette écoute et cette connaissance correspondent à une forte demande, à tous les niveaux de l'entreprise. Les intéressés sont prêts à participer à cet effort. Quand on se plaint — ce qui est absolument universel en France — du manque de communication et du cloisonnement, ce qu'on demande, ce n'est pas un journal d'entreprise ou des discours du président, c'est *de l'écoute*.

Dans notre contexte français actuel, la reconnaissance et la promotion de la valeur de connaissance deviennent cruciales. Le déficit de connaissance est réellement extraordinaire, on pourrait dire scandaleux. Nos élites sont entraînées à ne pas écouter. Or le développement d'ensembles de plus en plus complexes d'une part, le déclin des contraintes et des repères humanistes traditionnels d'autre part, enfin l'accélération du tourbillon médiatique, tendent à obscurcir de plus en plus la réalité telle qu'elle est vécue. La multiplication des mesures et des faits quantitatifs qu'elles mettent en lumière, non seulement n'apportent pas de substitut à l'écoute, mais en font regretter encore davantage l'absence. Contrôle n'est pas écoute, c'est même plutôt le contraire. L'opacité institutionnelle n'est d'ailleurs pas limitée aux grandes organisations, aux groupes industriels, conglomérats et monstres administratifs divers (comme nos institutions d'éducation ou de santé). Même les entreprises à taille dite humaine en souffrent, car les barrières et les contraintes de statut, le formalisme juridique et politique sont tels que les canaux de communication sont de moins en moins opérants. Les efforts de communication des responsables, faute de véritable réflexion sur l'importance de l'écoute, apparaissent à sens unique. Plus on croit communiquer, moins on écoute, et plus on néglige les ressources auxquelles on pourrait faire appel pour dynamiser l'entreprise.

L'écoute est en même temps le meilleur moyen, le seul

efficace peut-être, de surmonter la peur de l'autre qui paralyse le changement et stérilise toute volonté d'innovation. Elle est certes difficile à mettre en œuvre à cause de cette peur sous-jacente, mais elle offre immédiatement, à partir de son résultat tangible, un moyen d'apprentissage. Quoi qu'en pensent les dirigeants et responsables facilement inquiets, elle n'entraîne pas, si elle est bien conduite, de surenchère démagogique. Tout au contraire, des expériences répétées le montrent, elle tend à calmer un dialogue social facilement déconnecté des réalités.

La grande chance qui s'offre aux entreprises, et plus généralement aux organisations dans une société comme la nôtre, c'est qu'il existe une coïncidence entre la demande d'écoute et le besoin de connaissance indispensable pour l'apprentissage collectif. Cette rencontre doit être mise à profit, car elle est la clef de tout développement humain. Mais il faut bien en comprendre la difficulté, car elle peut créer des risques de manipulation et des réactions anticipées de peur et de défiance.

L'écoute n'est pas une consultation, mais elle n'est pas pour autant désintéressée. Ce que les membres d'une organisation recherchent, ce n'est pas un défoulement. Ils ne demandent pas l'oreille d'un psychanalyste. S'ils veulent être écoutés, c'est parce qu'ils croient avoir quelque chose de rationnel et d'important à dire. Ce qu'ils demandent, parfois désespérément, c'est qu'on tienne compte de ce qu'ils vivent personnellement, c'est-à-dire de ce qui constitue leur rationalité à la place qui est la leur. Et s'ils le demandent avec une telle insistance, c'est qu'ils croient, à juste titre souvent, que cette rationalité n'est absolument pas prise en compte et que tout le monde en pâtit.

La connaissance tirée de l'écoute ne se réduit pas à l'enregistrement des réponses. Elle émerge de la confrontation de chacune des parties avec leurs rationalités diverses, parfois contradictoires. Cette connaissance ne doit pas rester secrète, à la seule disposition des décideurs. Elle peut et doit être présentée aux intéressés. Car ceux-ci, non seulement en ont envie, mais sont tout à fait capables de prendre le recul nécessaire pour l'accepter. Leur disponibilité, leur ouverture sont souvent remarquables. Dans une société comme la nôtre, contrairement à toutes les idées reçues, la capacité d'assimilation d'une connaissance non simpliste, non démagogique, est considérable.

Les multiples expériences tirées des enquêtes que j'ai menées, et que beaucoup d'autres ont menées après moi, sont tout à fait éclairantes de ce point de vue[3]. La plus démonstrative, dont j'ai eu récemment la responsabilité[4], concernait la SNCF après le traumatisme qu'avaient constitué, tant pour le personnel que pour l'encadrement et la direction, les grèves très dures de l'hiver 1986-1987. Les efforts de connaissance que nous avions demandés et dirigés ont été acceptés sans aucune difficulté par les cheminots, malgré la très grande tension qui régnait alors. Ils ont constitué le point de départ des transformations apportées à l'organisation du travail des conducteurs de train[5].

Nous avons mené, dans la même période, une expérience encore plus poussée de participation des personnels à l'effort de connaissance dans des services hospitaliers de la région parisienne. Cette expérience nous a permis de démontrer la capacité de changement considérable que les situations les plus bloquées peuvent receler[6].

3. La première de ces expériences date de 1956. Elle a été effectuée dans les manufactures de tabac de la région parisienne. Elle est brièvement relatée dans mon ouvrage *Le Phénomène bureaucratique*, Le Seuil, Paris, 1964.

4. Avec mes deux collègues, Jean-Léon Donnadieu et Jacques Lesourne.

5. Dans l'espoir du développement d'un apprentissage collectif de nouveaux rapports humains, qui nous est apparu indispensable et possible.

6. Ces travaux ont été dirigés par Françoise Gonnet : « Les Relations de travail à l'hôpital : Entre la complexité et l'insécurité » dans *Hôpital à vif*, *Autrement*, septembre 1989.

Quand on examine l'impact de telles expériences avec un peu de recul, on peut dire qu'elles réussissent parce qu'elles répondent à trois types d'attentes très largement partagées : attente de connaissance qualitative des faits humains, attente de pluralisme en matière d'opinions, attente d'ouverture en matière de communication. Chacune de ces attentes correspond à la conquête d'une valeur : de vérité, de tolérance et de transparence. L'effort de connaissance ainsi compris constitue, à son tour, une valeur en soi qu'on peut rattacher certes à toute une tradition humaniste, mais qui représente aussi une nouvelle motivation dans notre contexte de complexité. La formule socratique du « connais-toi toi-même » prend une tout autre dimension quand elle s'applique aux organisations et aux institutions contre lesquelles nous prétendons lutter alors que nous leur sommes en même temps viscéralement attachés. Elle devient alors valeur de dépassement.

UNE STRATÉGIE FONDÉE SUR LA CONNAISSANCE

Pourquoi écouter ? Pourquoi attacher tant d'importance à la connaissance ? Pas seulement pour créer les conditions d'un apprentissage collectif. Mais aussi parce qu'il n'y a pas de stratégie, et à la limite d'action raisonnable, sans connaissance, et pas de connaissance sans écoute.

L'application du concept de stratégie a constitué, pour la théorie du développement des entreprises, une première révolution intellectuelle. On a abandonné avec elle la vision purement quantitative de la croissance, fondée sur la logique simpliste de la conquête et de l'accaparement des marchés, que les modèles de planification avaient perfectionnée et sophistiquée sans vraiment l'éclairer. On est passé ainsi à une conception dualiste, acceptant l'idée que les concurrents et à terme, pourquoi pas, les clients et les marchés, sont capables de réagir : il faut donc jouer avec eux, en recherchant non plus l'exploitation optimale des ressources et des opportunités, mais la stratégie qui assurera la position la plus favorable en tenant compte des incertitudes de leurs réactions.

La découverte de l'importance des ressources humaines — les ressources les plus rares de la société post-industrielle — demande une nouvelle révolution conceptuelle. L'image du combat guerrier, implicite dans la vision stratégique dominante, apparaît de plus en plus insuffisante. On doit travailler davantage avec des personnels et avec des clients qui ne sont plus passifs, mais ne doivent pas être pour autant considérés comme des ennemis ou des adversaires à exploiter. Il importe donc de connaître les ressources qu'ils détiennent, non pas pour les leur arracher ni même seulement les contrôler, mais pour leur permettre de les utiliser de la façon la plus constructive dans la relation de coopération qu'on va développer avec eux.

Avec ces partenaires, la stratégie conçue dans le cadre d'un jeu à somme nulle est contre-productive. Même avec les concurrents, il apparaît indispensable de créer des occasions et même des zones de coopération qui permettent d'apprendre les uns des autres. Ainsi s'offriront des possibilités de développement dans un système plus large, sans pour autant éliminer ni même amoindrir la compétition, mais en l'orientant vers un jeu à somme non nulle[7].

Une telle transformation du raisonnement va donner à la connaissance des systèmes humains de l'entreprise et de son environnement une place centrale. Désormais, en

7. Ces thèmes sont largement développés dans le nouveau livre de Rosabeth Moss Kanter, *When Giants Learn to Dance. Mastering the Challenges of Strategy. Management and Carrers in the 1990s*, New York, Simon and Schuster, 1989.

effet, on ne peut plus fonder une stratégie uniquement sur les atouts matériels possédés par les partenaires et sur une estimation rationnelle de leurs intérêts. Ce qui va compter, ce sont les caractéristiques du système : est-il capable ou non de découvrir et de saisir les opportunités qu'offre la transformation du monde ? Ce sont encore, bien sûr, les investissements matériels, mais aussi de plus en plus les investissements immatériels, c'est-à-dire humains, qui seront la condition de son enrichissement et de son développement.

On ne devra plus se contenter des raisonnements *objectifs-moyens* utilisés dans le cadre de la planification, ou même de repenser les objectifs en termes de maximisation des gains et de minimisation des pertes. On devra mettre en question les objectifs, dans le cadre d'un triangle *ressources-contraintes-objectifs*. Au lieu de chercher à adapter après coup les moyens humains aux objectifs rationnels choisis, on choisira des objectifs qui permettront de développer les ressources en minimisant les contraintes. Et on essayera de le faire, non seulement pour développer la capacité du personnel, mais aussi pour instaurer des relations plus efficaces avec le client. Et, au second degré, pour maximiser les chances de découvrir, à partir des expériences du personnel et des clients, des opportunités nouvelles. Apprentissage collectif et innovation vont pouvoir ainsi passer au centre des préoccupations.

Dans cette perspective, la connaissance des systèmes humains devra être de plus en plus étroitement associée à la réflexion stratégique. Elle va, dans une assez large mesure, la conditionner. Elle devient la clef de la nouvelle croissance qualitative, dans la société de haute technologie et de services qui commence à émerger.

D'où l'importance décisive de l'investissement en connaissance. Dans un pays comme la France, le retard est flagrant. La vision quantitative semble avoir perverti le sens de la richesse et de la diversité humaine que véhiculait notre tradition humaniste. Les grands journaux de 1900 offraient, curieusement, des reportages plus éclairants que ceux d'aujourd'hui sur la vie de tous les jours des divers groupes sociaux. La passion dérisoire pour les sondages superficiels, qui nous permettent de savoir quel pourcentage de femmes françaises passent combien de temps à se laver les dents, a créé la vision abstraite d'un homme moyen, dont le vécu relationnel semble complètement ignoré au profit d'opinions qui sont sans aucune pertinence pour comprendre ses comportements les plus importants.

La reconquête du qualitatif ne se fera que par un renouvellement de notre façon de raisonner. Le temps des technocrates est en train de passer. Non pas parce que la passion de connaissance objective diminue, mais au contraire parce que cette passion se transforme et se renouvelle.

Le temps des technocrates était le temps des solutions. Il nous faut maintenant passer au temps des problèmes. La valeur ajoutée de la connaissance n'est pas en effet dans l'élaboration par les technocrates de solutions parfaites qui, parce qu'elles sont les meilleures, rendent inutile toute collaboration des non-technocrates, réduits à l'exécution ou à la contestation. Elle est dans l'ouverture des problèmes et la prise de conscience des données qui la conditionnent par le plus grand nombre de participants. Seuls ceux-ci peuvent découvrir les opportunités nouvelles qui permettront, non pas de les faire disparaître, mais d'en tirer parti pour se transformer.

LE TEMPS DES INNOVATEURS

Valoriser les problèmes et non les solutions paraît, dans nos sociétés trop pressées, iconoclaste, presque inconvenant. Cela revient à mépriser certaines de nos valeurs les plus reconnues : l'efficacité, la rapidité, l'esprit de décision, la logique déductive. Dans notre culture dominante, la priorité reste toujours à l'action. La discussion des problèmes doit être abandonnée aux intellectuels. Quand il s'agit d'action, elle est le refuge des angoissés, des rêveurs et des indécis. Hamlet ne sera jamais un homme d'affaires. Le seul vrai leader est celui qui impose sa solution.

J'aimerais soutenir, tout au contraire, que l'homme des solutions est en fait de plus en plus anachronique. C'est l'homme du « n'y a qu'à ». C'est le technocrate qui refuse toute discussion parce qu'il détient la meilleure formule. Or, le monde change si vite que nous le reconnaissons à peine à une décennie de distance : les solutions et les formules préétablies sont dépassées avant d'être mises en œuvre. Ce n'est plus la technique, ou du moins la technique toute seule, qui peut faire la différence. Le mouvement, le changement, le progrès ne peuvent s'affirmer que grâce à une transformation des comportements. Le héros ne peut plus être l'homme des techniques qui sait d'avance quelle solution est efficace, le politicien qui a réponse à tout avant que les questions soient posées ou le gestionnaire qui ne pourra jamais que reproduire l'existant. Ce sera de plus en plus l'innovateur, celui qui aura réussi à faire participer toutes les parties à une conscience plus aiguë des problèmes et des contradictions que les solutions toutes faites entraînent. Si la prise de conscience a lieu, au moins partiellement, d'une part des opportunités de changement apparaîtront, et d'autre part beaucoup d'acteurs se déclareront prêts à les saisir. Cela ne veut pas dire que tout le monde, ou même une majorité, sera d'accord pour une solution, mais simplement que l'on acceptera d'avancer et d'expérimenter. Nous avons testé ces possibilités dans de nombreuses occasions, parfois à une échelle assez large, comme à la SNCF. On en entrevoit la reproduction au sommet des entreprises et des administrations et, pourquoi pas, au sommet de l'État. Après tout, la méthode employée par Michel Rocard pour la Nouvelle-Calédonie n'en était pas éloignée.

Pour de tels efforts, on n'a certainement plus besoin de chefs omniscients et omniprésents, qui s'imposent par la multiplicité de leurs décisions et par leurs capacités à manipuler les foules. Peut-être même peut-on affirmer la nécessité d'une transformation radicale du rôle et de la personnalité de l'innovateur. Les innovations dont nous avons besoin requièrent du soin, de la passion et de l'imagination. Leurs promoteurs doivent, bien sûr, posséder les mêmes qualités de vision et de courage que les « surhommes » d'autrefois. Mais ils ne peuvent plus demeurer solitaires et dominateurs. Ils doivent être avant tout capables de comprendre intuitivement le fonctionnement du système humain qu'ils servent (leurs clients et partenaires) et le système humain dont ils ont la charge et qui assure quotidiennement ce service (leur personnel). Ils devraient être en outre capables de dépasser leurs intuitions par une écoute approfondie et une véritable analyse de système intellectuellement sophistiquée. Ces capacités existent. J'ai pu le constater, notamment, dans une enquête menée au début des années 80 sur douze cas d'innovations réussies en France[8].

Je viens de me livrer, j'en ai conscience, à une sorte de panégyrique. Je ne voudrais pas qu'on se méprenne. Il ne s'agit pas de s'adonner de nouveau au culte de la personnalité. Ni de déterminer à l'avance les qualités qui doivent être exigées dans le choix d'un leader. Il s'agit de nous sensibiliser et d'orienter notre culture pour que soient valorisés les comportements d'innovation. Si nous découvrons en France, dans l'Administration mais aussi

8. Parmi ces innovateurs, citons Gilbert Trigano pour le Club Méditerranée, Evelyne Sullerot pour Retravailler, André Essel pour la FNAC, Jacques Desnos pour Europ Assistance, Jean-Claude Decaux pour l'entreprise Decaux. Voir M. Crozier et R. Normann, *L'Innovation dans les services,* mars 1982 et J. Guyaz, *Les Innovateurs et leurs innovations, trente ans d'innovation dans le secteur des services,* thèse pour le Doctorat de IIIe Cycle de l'IEP de Paris, 1981.

dans les affaires, tant de technocrates qui gâchent leurs plus brillantes qualités à prétendre avoir réponse à tout avant que les questions ne soient posées, c'est parce que le jeu de la compétition et de la réussite dans lequel ils sont engagés leur impose cette démonstration de leur supériorité. Si tant de gestionnaires se révèlent à courte vue et entraînent les organisations dont ils ont la charge à la reproduction de leurs dysfonctionnements (pour ne pas dire de leurs vices), c'est que le système de mesure et de contrôle dont ils restent les prisonniers est centré sur le court terme, et leur interdit de prendre le moindre pari sur l'avenir.

Pour que les innovations puissent se révéler, s'affirmer, réussir, il faut que liberté soit laissée aux innovateurs et que le long terme, le qualitatif et l'humain puissent reprendre la priorité. Il faut qu'une autre connaissance des réalités humaines se développe, qui dépasse celle des discours sur la solidarité et l'autogestion. Il faut enfin — c'est peut-être le plus important — que les élites soient entraînées à l'écoute, alors que tout le système de concours qui les façonne les forme au contraire à s'affirmer sans écouter.

La société française ne manque pas de ressources dans ce registre. Mais ses pratiques dominantes tendent à les stériliser. L'apprentissage du futur ne se fera pas par la recherche et le choix — impossible en vérité — de personnalités exceptionnelles. Nous ne pouvons le favoriser qu'en investissant massivement dans la connaissance des réalités, et par la valorisation culturelle des qualités d'attention à autrui et de soin dans les détails du quotidien. C'est par ces voies indirectes que nous créerons les conditions propices à l'émergence de personnalités innovatrices.

L'entreprise doit et peut y contribuer, plus que n'importe quel autre secteur de la société.

IMPRIMERIE BRODARD ET TAUPIN À LA FLÈCHE
DÉPÔT LÉGAL FÉVRIER 1994. N° 20442 (65651-5)

Collection Points

SÉRIE ESSAIS

DERNIERS TITRES PARUS

215. La Grèce ancienne, tome 1
par Jean-Pierre Vernant et Pierre Vidal-Naquet
216. Rhétorique de la poésie, *par le Groupe* μ
217. Le Séminaire. Livre XI, *par Jacques Lacan*
218. Don Juan ou Pavlov
par Claude Bonnange et Chantal Thomas
219. L'Aventure sémiologique, *par Roland Barthes*
220. Séminaire de psychanalyse d'enfants, tome 1
par Françoise Dolto
221. Séminaire de psychanalyse d'enfants, tome 2
par Françoise Dolto
222. Séminaire de psychanalyse d'enfants
tome 3, Inconscient et destins, *par Françoise Dolto*
223. État modeste, État moderne, *par Michel Crozier*
224. Vide et Plein, *par François Cheng*
225. Le Père : acte de naissance, *par Bernard This*
226. La Conquête de l'Amérique, *par Tzvetan Todorov*
227. Temps et Récit, tome 1, *par Paul Ricœur*
228. Temps et Récit, tome 2, *par Paul Ricœur*
229. Temps et Récit, tome 3, *par Paul Ricœur*
230. Essais sur l'individualisme, *par Louis Dumont*
231. Histoire de l'architecture et de l'urbanisme modernes
1. Idéologies et pionniers (1800-1910), *par Michel Ragon*
232. Histoire de l'architecture et de l'urbanisme modernes
2. Naissance de la cité moderne (1900-1940)
par Michel Ragon
233. Histoire de l'architecture et de l'urbanisme modernes
3. De Brasilia au post-modernisme (1940-1991)
par Michel Ragon
234. La Grèce ancienne, tome 2
par Jean-Pierre Vernant et Pierre Vidal-Naquet
235. Quand dire, c'est faire, *par J. L. Austin*
236. La Méthode
3. La Connaissance de la Connaissance
par Edgar Morin
237. Pour comprendre *Hamlet*, *par John Dover Wilson*
238. Une place pour le père, *par Aldo Naouri*
239. L'Obvie et l'Obtus, *par Roland Barthes*
240. Mythe et Société en Grèce ancienne
par Jean-Pierre Vernant
241. L'Idéologie, *par Raymond Boudon*
242. L'Art de se persuader, *par Raymond Boudon*
243. La Crise de l'État-providence, *par Pierre Rosanvallon*

244. L'État, *par Georges Burdeau*
245. L'Homme qui prenait sa femme pour un chapeau
par Oliver Sacks
246. Les Grecs ont-ils cru à leurs mythes ?
par Paul Veyne
247. La Danse de la vie, *par Edward T. Hall*
248. L'Acteur et le Système
par Michel Crozier et Erhard Friedberg
249. Esthétique et Poétique, *collectif*
250. Nous et les Autres, *par Tzvetan Todorov*
251. L'Image inconsciente du corps
par Françoise Dolto
252. Van Gogh ou l'Enterrement dans les blés
par Viviane Forrester
253. George Sand ou le Scandale de la liberté
par Joseph Barry
254. Critique de la communication, *par Lucien Sfez*
255. Les Partis politiques, *par Maurice Duverger*
256. La Grèce ancienne, tome 3
par Jean-Pierre Vernant et Pierre Vidal-Naquet
257. Palimpsestes, *par Gérard Genette*
258. Le Bruissement de la langue, *par Roland Barthes*
259. Relations internationales
1. Questions régionales, *par Philippe Moreau Defarges*
260. Relations internationales
2. Questions mondiales, *par Philippe Moreau Defarges*
261. Voici le temps du monde fini, *par Albert Jacquard*
262. Les Anciens Grecs, *par Moses I. Finley*
263. L'Éveil, *par Oliver Sacks*
264. La Vie politique en France, *ouvrage collectif*
265. La Dissémination, *par Jacques Derrida*
266. Un enfant psychotique, *par Anny Cordié*
267. La Culture au pluriel, *par Michel de Certeau*
268. La Logique de l'honneur, *par Philippe d'Iribarne*
269. Bloc-notes, tome 1 (1952-1957), *par François Mauriac*
270. Bloc-notes, tome 2 (1958-1960), *par François Mauriac*
271. Bloc-notes, tome 3 (1961-1964), *par François Mauriac*
272. Bloc-notes, tome 4 (1965-1967), *par François Mauriac*
273. Bloc-notes, tome 5 (1968-1970), *par François Mauriac*
274. Face au racisme
1. Les moyens d'agir
sous la direction de Pierre-André Taguieff
275. Face au racisme
2. Analyses, hypothèses, perspectives
sous la direction de Pierre André Taguieff
276. Sociologie, *par Edgar Morin*
277. Les Sommets de l'État, *par Pierre Birnbaum*
278. Lire aux éclats, *par Marc-Alain Ouaknin*
279. L'Entreprise à l'écoute, *par Michel Crozier*